ACEITES ESENCIALES

Una Guía Integral para Iniciarte en la Aromaterapia

© Copyright 2019 por John Carter
Todos los derechos reservados.

El siguiente eBook es reproducido con el objeto de proporcionar información lo más precisa y confiable posible. Independientemente, la compra de este eBook podría ser vista como una aceptación del hecho de que tanto el editor como el escritor de este libro no son expertos en el tema que éste contiene y que cualquier recomendación o sugerencia es realizada únicamente con propósitos de entretenimiento. Se debe consultar con los profesionales según sea necesario antes de emprender cualquiera de las acciones aquí indicadas.

Esta declaración es considerada justa y válida por la Asociación Americana de Abogados y el Comité de la Asociación de Editores y es legalmente vinculante en todo el territorio de los Estados Unidos.

Además, la transmisión, duplicación o reproducción de cualquier parte de la siguiente obra incluyendo información específica será considerada un acto ilegal independientemente de que se realice de manera electrónica o impresa. Esto se extiende a la creación de una segunda o tercera copia de la obra o una copia grabada y solo está permitido con el consentimiento expreso del Editor.

Todos los derechos reservados.

Se considera que la información contenida las siguientes páginas es veraz y precisa y como tal cualquier intención, uso o uso indebido de la información en cuestión por parte del lector hará que las acciones resultantes queden exclusivamente bajo su responsabilidad.

No existe escenario alguno en el cual el editor o el autor original de esta obra puedan ser considerados de alguna manera responsables por cualquier dificultad o daño que pueda ocurrir después de comprometerse con la información aquí descrita.

Adicionalmente, la información contenida en las siguientes páginas está destinada únicamente a fines informativos y por tanto debe considerarse universal. Como corresponde a su naturaleza, se presenta sin garantía respecto a su validez prolongada o calidad provisional. Las marcas registradas son mencionadas sin el consentimiento escrito y no puede ser considerado de ninguna forma un respaldo por parte del propietario de la marca.

DESCARGO DE RESPONSABILIDAD

La información aquí contenida tiene únicamente propósitos informativos.
Las afirmaciones no tienen la intención de sustituir a un profesional de la salud ni de diagnosticar, tratar, curar o prevenir condiciones médicas o enfermedades.
Cada enfermedad o lesión debe ser supervisada por un médico o un practicante de medicina alternativa.

CONTENIDO

CAPÍTULO 1: HISTORIA Y TRADICIÓN 6

CAPÍTULO 2: AROMATERAPIA Y ACEITES ESENCIALES DECODIFICADOS 10

CAPÍTULO 3: GUÍA DE COMPRA DE LOS ACEITES ESENCIALES 18

CAPÍTULO 4: FORMAS DE USAR LOS ACEITES ESENCIALES 22

CAPÍTULO 5: PRECAUCIONES GENERALES DE SEGURIDAD 26

CAPÍTULO 6: DOCE ACEITES ESENCIALES RELAJANTES 28

CAPÍTULO 7: LOS ACEITES ESENCIALES BÁSICOS 40

CAPÍTULO 8: SPA CASERO Y POTENCIADORES DE BELLEZA 53

CAPÍTULO 9: TU BOTICA PERSONAL.................... 69

CONCLUSIÓN... 103

CAPÍTULO 1: HISTORIA Y TRADICIÓN

Las plantas no solo son fuentes increíbles de nutrientes y alimentos para el hombre, sino que en ellas también contienen muchos de los maravillosos componentes que han sido extremadamente útiles para resolver las condiciones de salud más desafiantes del hombre. Las plantas están llenas de numerosos fitonutrientes que, y entre otras cosas, incluyen una plétora de extractos que tienen una esencia aromática fenomenal, por ejemplo, los aceites esenciales. Algunas veces llamados el "alma" de las plantas, los aceites esenciales han sido por mucho tiempo un pilar para muchas preparaciones culinarias y terapéuticas. A diferencia de su nombre, los aceites esenciales no se presentan como aceites; aparecen más acuosos, y con una mejor viscosidad de lo que se puede esperar de un aceite. Dicho esto, los aceites esenciales son extremadamente volátiles y altamente concentrados, y por lo general están cargados con un amplio rango de componentes orgánicos.

Las vitaminas, hormonas y ciertos químicos componen el grupo de los aceites esenciales que necesitan las plantas para realizar de manera exitosa sus funciones vitales. Por ejemplo, las flores, tienen esencias que las ayudan a atraer a las plantas, lo que es de vital importancia para su polinización. En los arbustos, la resina es un aceite esencial que las ayuda a sanar las heridas más rápidamente mientras les proporciona la resistencia suficiente para los climas extremos. Los aceites esenciales ayudan a mantener la humedad de las plantas al evitar la evaporación excesiva de agua. Pero eso no es todo, también pueden ayudar a las plantas a protegerse de ataques predatorios sirviendo como disuasivo para los agresores externos mientras comunican el peligro a las plantas y árboles cercanos.

Debido al amplio rango de componentes y su presencia estética, durante mucho tiempo, el hombre ha usado aceites esenciales en la preparación de ambientadores, como enriquecimiento alimenticio y también con fines médicos, para sanar al cuerpo de muchas condiciones.

El uso médico de los aceites esenciales se remonta a miles de años donde fueron incluidos en la práctica de la aromaterapia. A Shen Nung, un gobernante chino Legendario, se le acreditan los esfuerzos iniciales que pusieron en relieve las propiedades medicinales de las plantas. Él escribió 'Pen Tsao' (c. 2700-3000 BC) – el primer texto escrito sobre las hierbas que contenía más de doscientas especies botánicas. Sus descubrimientos iniciales despertaron la curiosidad de arqueólogos y científicos por igual, haciendo que las civilizaciones de China, el Medio Oriente y la India exploraran los beneficios terapéuticos de los aceites esenciales durante esos primeros periodos. Por ejemplo, una forma de curación tradicional hindú llamada Ayurveda es sinónimo del uso de hierbas locales en el tratamiento de muchas condiciones.

En el antiguo Egipto, las aguas, el incienso, las resinas y los ungüentos eran ampliamente utilizados en las ceremonias religiosas. También se cree que la Reina Cleopatra tenía gigantescas colecciones de flores en su jardín, y utilizaba las esencias obtenidas de ellas para perfumarse a sí misma y sus alrededores. Los Faraones están estrechamente ligados al uso de urnas de terracota. Y en Roma, los soldados descubrieron los beneficios mágicos de la miel y la usaban junto con la mirra para sanar sus heridas. Los emperadores romanos se daban baños perfumados ya que les proporcionaban la tan ansiada relajación y una sensación de alivio. En la Biblia, tanto el Antiguo Testamento como el Nuevo Testamento contienen recetas con componentes aromáticos en su preparación.

En Europa, la exploración y uso generalizado de los aceites esenciales se vieron facilitados en el siglo XVI cuando se descubrió el método de destilación de vidrio. Las rutas de comercio más robustas y la invención del microscopio implicaron que los compuestos bioactivos también pudieran ser estudiados en mayor profundidad. Por lo tanto, la extracción de los aceites esenciales de las plantas se popularizó con plantas como la manzanilla italiana, el romero francés y la lavanda inglesa. La Reina Elizabeth I es conocida por haber usado una abrumadora cantidad de aceite de lavanda inglesa durante su reinado, y la tradición continuó durante los 64 años de gobierno de la Reina Victoria.

A principios del siglo XX, la aromaterapia cobró vida en la historia moderna cuando el químico francés Rene-Maurice Gattesfosse, inadvertidamente, prendió en fuego su brazo en el laboratorio y se sintió aliviado después de sumergir su mano en el contenedor de líquido frío más cercano, que casualmente era aceite de lavanda. Mientras las lesiones previas de quemaduras químicas ocasionaron dolores extensos y profundos, ampollas, inflamación inducida por enrojecimiento y cicatrices, la quemadura de Gattesfosse sorprendentemente no presentó problemas similares, solo dolores leves y sin cicatrices. Obviamente el aceite de lavanda tuvo algo que ver con esto, y así también lo estimó Gattefosse. Esta intrigante observación lo llevó a acuñar el término 'aromaterapia,' una palabra que él usó para describir la curación excepcional que había recibido.

Pero, él no iba a permitir que este conocimiento sobre el aceite de lavanda se fuera por el drenaje, así que dedicó muchos más años a investigar los beneficios para la salud de los aceites esenciales lo que finalizó en su conocido libro "Aromaterapia" que fue publicado en 1937. En él, Gattefosse expuso sus hallazgos sobre los aceites esenciales, y en consecuencia, trajo al primer plano el uso médico para estos agentes. Debido a que el libro se convirtió en una parte fundamental en las colecciones de los entusiastas de los aceites esenciales, la obra fue traducida al inglés en 1993. Como era de esperarse, la segunda edición está disponible en su versión impresa después de 70 años.

Los esfuerzos de Gattefosse lograron que otros científicos como Jean Valnet, un médico francés, profundizran aún más en lo aceites esenciales. Valnet eligió usar aceites esenciales para ayudar a sanar las heridas durante la Segunda Guerra Mundial. Los soldados, que de otra forma habrían sido amputados, pudieron manejar exitosamente sus lesiones al ser tratadas con aceites esenciales. El libro de Jean 'La Práctica de la Aromaterapia' consiguió aún más progresos para la causa de los aceites esenciales ya que logró que los aceites fueran ampliamente aceptados, asegurando su adopción por parte médicos y psiquiatras en Francia en la década de 1960. Marguerite Maury publicó más descubrimientos sobre los aceites esenciales en 1962, y así los aceites esenciales gradualmente empezaron a formar parte de los ingredientes principales en la industria cosmética. 'El Arte de la Aromaterapia' de Robert Tisserand proporcionó el trampolín para la popularidad de la aromaterapia y los masajes, impulsándolos a convertirse en una práctica común en el Reino Unido y los Estados Unidos.

La popularidad de la aromaterapia, a medida que se propagaba gradualmente hacia otras partes del mundo, junto con el aumento dinámico de las medicinas naturales en la década de 1980, aseguró su fiabilidad como un régimen de salud que desde entonces se ha convertido en una verdadera forma de tratar muchas condiciones de salud. Tanto que en 2008, representaba alrededor del 95% del mercado mundial de los aceites esenciales, traduciéndose a cerca de 4,600 millones de dólares. La industria de la aromaterapia ha crecido consistentemente desde entonces en una tasa del 7,5% anual en la última década, y es posible que la tendencia no disminuya en el futuro cercano ya que todos la están adoptando para tener una experiencia de sanación natural inigualable.

CAPÍTULO 2: AROMATERAPIA Y ACEITES ESENCIALES DECODIFICADOS

Primero que nada, no se supone que la aromaterapia sea un sustituto de talla única para todas las condiciones donde se requiera el tratamiento médico tradicional. Aunque su actividad ha sido bien documentada, la aromaterapia es solo una extensión de una práctica a largo plazo que involucra el uso de plantas para tratar condiciones médicas. Por ejemplo, la aspirina que usamos hoy en día fue un resultado de experimentos llevados a cabo en la industria de tintes Laureler & Co usando un subproducto obtenido de la planta espirea.

Al químico Felix Hoffman se le acredita la sintetización del primer ácido acetilsalicílico conocido que anteriormente era conocido como un tratamiento útil para el reumatismo. Los resfriados también son un problema común, pero también hemos remediado la condición exitosamente usando Vick Vaporub cuyo ingredientes activos son formas sintéticas de muchos productos como el árbol de laurel por ejemplo, el alcanfor, menta (mentol), y eucalipto así como nuez moscada, hoja de cedro y aceite de pino. Coca-Cola fue comercializada inicialmente como un producto que servía como un 'tónico para los nervios,' con ingredientes que incluían aceites esenciales de especias y frutas cítricas.

La aromaterapia es una ciencia asombrosa e interesante, pero también es un arte, que la convierte en una tarea emocionante pero igualmente intimidante cuando estudias los detalles de su amplio alcance. En general, los aceites esenciales son un grupo de moléculas aromáticas obtenidas a partir de las partes de una planta o de materiales como las hojas, pétalos, ramas, espinas, ramitas, semillas, resinas, madera y corteza. Aquí presentamos los conceptos y términos básicos para entender fácilmente los datos botánicos y farmacológicos en el estudio de la Aromaterapia.

ACEITES ABSOLUTOS

Los aceites absolutos son aceites semilíquidos o solubles en alcohol obtenidos a partir de las plantas mediante un proceso de extracción solvente que produce un rendimiento muy bajo. Por ejemplo, mil libras de flores producen solamente una cucharadita de jazmín absoluto. Una cucharadita de "rosa absoluta" se obtiene a partir de aproximadamente cinco libras de pétalos. Con la destilación, sin embargo, una cantidad similar de esencia, un aceite esencial de rosa requiere de una asombrosa cantidad de diez mil libras de pétalos. Por lo tanto, la esencia de rosa de Damasco cuesta el doble del precio de la rosa absoluta independientemente de que se considere uno de los aceites esenciales más costosos.

ACEITES MEZCLADOS

Los aceites mezclados son esencialmente una receta o fórmula que se deriva de la sinergia o combinación de una gran cantidad de aceites esenciales. La selección de aceites mezclados es, literalmente, ilimitada con una gran cantidad de opciones disponibles. Los expertos en aromaterapia también tienen sus combinaciones o recetas preferidas generalmente recomendadas por su gran conocimiento y experiencia.

Aunque realizar mezclas podría ser una forma fantástica de experimentar con fórmulas pre-combinadas, sin embargo, podría ser una actividad que consume tiempo, así que aprender los aceites esenciales y poner las ideas en práctica es una forma confiable de obtener una mezcla fiable para cualquier condición médica o propósito. Entonces, podría parecer que los remedios mezclados tienen la misma composición de ingredientes, sin embargo, no siempre estarán combinados en la misma proporción.

ACEITE PORTADOR

Los aceites esenciales con característicamente finos y acuosos, pero incluso si son inusualmente gruesos, hay muy poca o ninguna posibilidad de que se disuelvan en agua. Los aceites esenciales son excesivamente solubles únicamente en alcohol o ácidos grasos. Los aceites portadores son usados para diluir los aceites esenciales, y algunas veces son referidos como aceite base. Incluyen productos a partir de una variedad de fuentes como nueces, semillas, árboles o vegetales. Los aceites portadores más populares son coco, almendras, girasol y jojoba.

Las mezclas de aceites esenciales generalmente están compuestas por un aceite portador con cantidades mínimas de aceites esenciales ya que los aceites esenciales por sí solos son notablemente fuertes para usar sin diluir, o demasiado costosos para ser usados sin un aceite portador. Sin embargo, algunos de estos aceites pueden ser usados como aceites portadores, algunos ejemplos son el árbol de té o lavanda. Además de hacer que la aplicación sea más fluida, los aceites portadores son excelentes para mantener la humedad de los aceites esenciales sobre la piel por largos periodos. Además, los aceites esenciales diluidos tienen una larga duración ya que solo se necesitan pequeñas cantidades durante el proceso de masajes.

EXTRACCIÓN

El término "Extracción" se refiere al proceso de obtener las moléculas de aceite almacenadas en las plantas. Entender el proceso de extracción es clave para conocer las propiedades inherentes de un aceite. También dice mucho sobre sus beneficios así como las formas de comprar y usar. La extracción de las moléculas de aceite de las plantas se puede realizar de varias formas. Estas incluyen la destilación por vapor o agua, expresión o la extracción por solvente.

- **Destilación por Vapor o Agua**
  La destilación por vapor usando presión sigue siendo uno de los procesos de extracción más eficientes. Para ello, se calienta la planta, y a medida que el vapor formado se enfría, se obtiene el aceite esencial. Por otro lado, la destilación con agua incluye cubrir el material vegetal con agua y subsecuentemente calentar la planta. La destilación por agua requiere de más tiempo para realizarse, y por lo tanto viene con el riesgo de perder los componentes del aceite esencial que no son demasiado resistentes al calor, haciendo que la destilación por vapor sea el método de extracción preferido.

- **Extracción con solventes**
Este proceso de extracción es una alternativa fantástica cuando partes sensibles como el jazmín y los pétalos de rosa son la fuente del aceite esencial. La extracción por solvente termina con un método conocido como enfleurage donde los pétalos ubicados en el vidrio son cubiertos con un aceite o grasa sin olor. Alternativamente, las flores pueden ser mezcladas en un aceite caliente. Cuando las flores suficientes han saturado el aceite o grasa se forma una "pomada" o "concreto." La pomada que se forma después se sumerge en alcohol para absorber la fragancia producida por la grasa, y luego las dos son separadas. A media que el alcohol se evapora, la materia particulada de la planta es dejada atrás. Esto es lo que se conoce como la esencia "absoluta" de la flor. La grasa es usada en la fabricación de jabón. Si se usa benceno, hexano u otro petroquímico sintético como solvente, la esencia "absoluta" obtenida en el proceso viene con menos beneficios que el alcohol- una sustancia orgánica derivada del azúcar.
- **Expresión**
Es usado para la extracción de aceite de la corteza de limón, bergamota, naranja u otra fruta cítrica. Aunque se consideraba que la expresión era un proceso laborioso que solo podía realizarse usando las manos, el advenimiento de los procesos tecnológicos inteligentes han garantizado que la expresión de la corteza ahora sea un proceso mecanizado. Para la práctica doméstica, podrías experimentar con la corteza de la fruta cortando un segmento de la cáscara de una fruta limpia y seca y perforar esa cáscara con la punta de un cuchillo. Coloca un recipiente y exprime la cascara para obtener las gotas de aceite esencial. Preserva tu aceite almacenándolo en una botella oscura y consérvala en un lugar fresco. Esta puede parecer una forma bruta, pero tu producto es tan fino como cualquier aceite esencial vendido comercialmente y que se haya obtenido a partir de frutas cítricas, y también puede ser un producto confiable cuando necesitas realizar la aromaterapia.

En un proceso descubierto recientemente, también se puede usar dióxido de carbono en bajas temperaturas para el proceso de extracción, lo que da como resultado aromas altamente fragantes. Aunque es preferible a la extracción por solventes, la única desventaja de este proceso, según creen los aromaterapeutas, es el hecho de que requiere el uso de un equipo altamente costoso para realizar el proceso de extracción de manera exitosa. En consecuencia, los aceites obtenidos son más costosos y es posible que no sean fácilmente accesibles. Otros que están en desacuerdo con el este proceso dicen que la temperatura requerida para la extracción por CO_2 es apenas lo suficientemente alta para la destilación adecuada de las moléculas de la planta. Por tanto, los aceites esenciales obtenidos, según ellos, no deben ser usados con propósitos terapéuticos sino en velas, jabones y desodorantes ambientales.

ACEITES AL 5% O 10%

Estas mezclas se asocian con frecuencia con los aceites esenciales costosos, aunque los proveedores se aseguran de que sean asequibles al usar un aceite portador para diluirlos. Vale la pena mencionar, sin embargo, que el porcentaje estipulado no garantiza la calidad del aceite esencial sino la cantidad. Por tanto, cuando las botellas indican que contienen un '5% de Rosa Absoluta en Jojoba,' significa que la botella contiene 95% de aceite de jojoba combinado con 30 gotas de 1.5 ml de rosa absoluta pura.

ACEITES CON FRANGANCIA Y PERFUME

Los aceites con fragancias y perfumes son aromas elaborados sintéticamente para simular los aromas naturales pero son distintos a los aceites esenciales. Los aromas de los aceites con fragancia y perfume imitan a las esencias naturales, aportando cualidades de riqueza, familiaridad, resistencia y complejidad. Sin embargo, esas fragancias son hechas principalmente para ser combinadas con jabones, perfumes, productos para el cuidado de la piel y del cabello así como para la elaboración de velas, limpiadores domésticos y desodorantes. No son elaborados para ser usados en la aromaterapia. La Rosa Negra, Lluvia China, Bosque, Vainilla y Lirio del Valle son ejemplos comunes de estos aceites.

HIDROSOLES

También conocidos como hidrolato o agua floral, los hidrosoles son el subproducto del vapor obtenido después del proceso de destilación. Esencialmente tienen la misma fragancia y beneficios de los aceites esenciales, y generalmente son usados en la fabricación de productos para el cuidado de la piel que contienen aceites esenciales. Las aguas florales de uso cosmético incluyen las elaboradas a partir de neroli, manzanilla y pétalos de rosa.

PURO

Debido a la fuerte concentración de esencias y la gran probabilidad de dañar la piel si son aplicadas directamente, la mayoría de las esencias vienen con una advertencia "No aplicar puro." Pero hay algunas excepciones; los aceites de árbol de té y lavanda pueden ser aplicados directamente sobre la piel cuando se combinan con aceites portadores.

ACEITES ORGÁNICOS

Las esencias orgánicas son aquellas producidas a partir de las plantas que no han sido sometidas a procesos o aplicaciones sintéticas. Con frecuencia, los productos alimenticios orgánicos tienen un sello circular verde y blanco USDA; el mismo sello se aplica a los "aceites esenciales orgánicos." Por tanto, si se usaron pesticidas o fertilizantes sintéticos sobre la planta o la planta fue procesada artificialmente y tiene preservativos o aditivos químicos, el aceite esencial derivado no se considera orgánico.

"Orgánico" podría relacionarse vagamente con palabras como "libre de químicos", "sin pesticidas", "100% natural", "cultivado de forma silvestre" y "todo herbal" entre otros. Sin embargo, no siempre significa que son 100% orgánicos. Una buena práctica para garantizar la seguridad y autenticidad es buscar el sello USDA en el producto para tener la certeza de que el distribuidor realmente te está ofreciendo un producto cultivado y elaborado orgánicamente.

Existen dos grupos contrastantes en la aromaterapia en cuanto a la superioridad del aroma y los beneficios, de los aceites esenciales orgánicos en comparación con los aceites no orgánicos. Aunque algunos creen que los aceites esenciales están llenos de contaminantes significativos debido a su alta concentración, (aunque no existe un respaldo científico para esta afirmación), otros sostienen que un proceso de destilación realizado de forma efectiva retira cualquier fertilizante o pesticida y asegura que los aceites destilados en agua, vapor o alcohol son productos esencialmente puros. La elección de aceites orgánicos por encima de las alternativas no orgánicas es una decisión absolutamente personal. Sin embargo, la inmensa composición natural y beneficios de los aceites orgánicos reciben la aprobación para ser usados en aromaterapia. La única advertencia es que son más costosos, y probablemente el doble del precio, en comparación con las opciones no orgánicas.

Cómo Elegir Aceites Esenciales

Al igual que con muchos productos populares, la elección del aceite adecuado puede ser una decisión laberíntica, complicada por la presencia de muchas opciones y variedades. Además existen montones de fragancias para elegir cuando quieres mitigar el estrés, mejorar tu estado de ánimo o usarlo con propósitos de salud. El extracto varía también en propósito, debido a sus componentes, y por tanto mientras que algunos son más usados en cremas tópicas para revertir las cicatrices y los síntomas del acné, otras son la primera opción para aliviar el estrés.

Cualquiera sea tu razón para comprar un aceite esencial, asegurarte de que la esencia sea muy atractiva es algo básico que debes buscar; algunos aceites esenciales pueden presentar olores penetrantes mientras que otros, como los elaborados a partir de frutas cítricas, son florales en su olor. También debes conservar tus productos alejados para evitar que desencadene reacciones como dolor de cabeza; esto es especialmente importante si la esencia no está diluida. Tomar descansos entre las pruebas también te ayudará a tomar mejores decisiones ya que la saturación excesiva de los olores puede afectar tu juicio sobre las esencias.

Otro factor a tener en cuenta es si tu distribuidor establece un precio específico para todos los aceites esenciales. Considerando el hecho de que algunos aceites esenciales no son tan comunes podría esperarse que sean más costosos, establecer el mismo precio para todos podría ser una señal sutil de que algunos aceites, en especial los más raros, no son originales. Por ejemplo, podrían sugerir que han utilizado métodos de destilación más económicos o contener subproductos no deseados en el producto empacado.

Si los solventes aceitosos tienden a presentar desafíos o desencadenar respuestas alérgicas, deberías considerar no utilizar aceites esenciales diluidos en aceite vegetal porque es posible que existan residuos en el producto final. Una estupenda forma de detectar si el aceite esencial fue diluido usado aceite vegetal es colocar una pequeña gota en una hoja de papel. Si cuando la gota se desliza quedan residuos, es probable que el aceite esencial haya sido diluido con aceite vegetal.

Los aceites esenciales de alta calidad son excepcionalmente puros y no deberían predecir ninguna reacción alérgica o daño cuando son usados. Los aceites esenciales puros también son la primera opción para los aromaterapeutas ya que proporcionan un efecto terapéutico más fuerte que los aceites sintéticos. Además, los aceites esenciales deben ser almacenados adecuadamente en un contenedor azul oscuro o marino y esto ayudará preservar los ingredientes. Exponer el producto a la luz solar lo deteriora, y en consecuencia, pierde actividad cuando se usa con fines terapéuticos.

CAPÍTULO 3: GUÍA DE COMPRA DE LOS ACEITES ESENCIALES

LISTA DE LOS 10 PRINCIPALES

Se cree que existen más de 3000 aceites esenciales, y de ellos, unos 300 son terapéuticamente relevantes y usados de manera rutinaria en la aromaterapia. De estos aceites terapéuticamente beneficiosos, 101 son comercializados a nivel mundial. En la mayoría de los casos, cada comerciante, fabricante o practicante tiene su lista de los "10 aceites esenciales principales," y nunca son los mismos debido a que existen distintos factores a considerar. Por ejemplo, podrías tener una lista de aceites esenciales "Los 10 Más Vendidos", "Los Primeros 10 Florales", y "Los 10 Más Recomendados." Así que puedes utilizar tu propia lista de los principales 10 aceites esenciales en base a tu propio criterio.

ELECCIÓN DE LOS ACEITES ESENCIALES

La categorización de los aceites esenciales puede hacerse de varias formas. Aunque algunas son alfabéticas, otras pueden estar etiquetadas botánica, química o aromáticamente de acuerdo con la dolencia o pueden ser categorizadas de cualquier otra forma. Hay estados positivos y negativos para el bienestar físico, emocional y mental de una persona. Y por tanto, revertir una condición de salud indeseada requiere de una solución igual de potente. Los aceites esenciales pueden etiquetarse como positivos o negativos según su efecto. Los aceites esenciales "negativos" son calmantes, relajantes y sedantes o esencialmente alivian la tensión de manera natural. Los aceites esenciales positivos, por otro lado, están destinados a vigorizar, rejuvenecer o estimular un mejor estado de ánimo en el cuerpo. Este método ha sido usado en los capítulos 6 y 7 donde se proporciona una lista de los 24 aceites esenciales básicos, de los cuales todos son recomendados por los minoristas, aromaterapeutas, autores y fabricantes como los principales.

Sin embargo, la lista no es exhaustiva y seguramente habrá muchas otras esencias que podrías incluir, dependiendo del uso que les vayas a dar. La lista proporcionada es solo un buen punto de referencia cuando estás empezando. Selecciona cinco aceites de la lista de "12 Aceites Esenciales Relajantes" y otros cinco de la lista de "12 aceites esenciales estimulantes" según su definición por la condición o uso. Con esto en mente, visita una tienda donde puedas oler los aceites esenciales para tener una idea de las opciones que quieres. Si alguno no te gusta, descarta ese aroma y elige aceites que sean atractivos a tu sentido del olfato. Tu lista de aceites esenciales puede crecer a su debido tiempo a medida que empiezas a conocerlos más o en base a futuras necesidades.

ETIQUETADO

Tener conocimientos de etiquetado cuando eliges un producto, y más aún cuando compras un aceite esencial, puede ser una mina de oro. Es posible que los fabricante no intenten engañarte intencionalmente, pero los aceites esenciales pueden ser etiquetados de diferentes formas, dificultando la elección de la opción correcta para ti. No es necesario que te conviertas en un profesional respecto a los aceites esenciales, pero hay varias cosas que tienes que buscar en la etiqueta antes de elegir uno.

ETIQUETADO DIRECTO:

- Aceite Esencial Terapéutico
- Aceite Esencial 100% Puro
- Sin aditivos, sin pesticidas
- Primera destilación
- Máximo beneficio terapéutico
- Sin diluir y puro

Es posible que no tengas un conocimiento agudo sobre el etiquetado de los aceites esenciales. Sin embargo, conocer los fundamentos básicos podría ahorrarte tiempo y dinero cuando compras un producto. Por ejemplo, un producto que contiene solo 3 gotas de aceite de lavanda en 8 onzas de aceite de jojoba puede ser etiquetado como un "aceite esencial 100% puro", y eso no es un error si el producto es comercializado como "sin diluir". Las primeras destilaciones probablemente tendrán la más alta calidad que puedas obtener, y las destilaciones subsecuentes resultan siendo aceites esenciales ligeramente más débiles.

ETIQUETADO DUDOSO:

- Rico en aceite esencial
- Aceite enriquecido con vitaminas
- Mezcla que contiene aceite esencial puro
- Extraído de toda la planta
- Aceite a base de plantas

También es importante revisar en la etiqueta la parte de la planta de la que fue obtenido el aceite esencial. Por ejemplo, si las investigaciones indican que el mejor aceite esencial de una planta se obtiene solo de las raíces, elegir un producto que contiene "extracto de hoja" de dicha planta podría no ser una gran idea. El aceite esencial obtenido a partir de la flor de azahar será muy diferente al obtenido de la cáscara de azahar ya que tienen propiedades contrastantes y por lo tanto son adecuadas para beneficios terapéuticos distintos. También es aconsejable comprar un aceite esencial en lugar de los remedios premezclados ya que: puedes determinar el grado de dilución adecuado para tu necesidad, puedes regular la naturaleza e intensidad del aroma así como tener una mayor vida útil ya que los aceites esenciales sin diluir duran considerablemente más tiempo.

COMPRA

La compra de cualquier material requiere la debida diligencia, y los aceites esenciales no son la excepción. Con listas literalmente interminables de tiendas de abarrotes orgánicas, tiendas de alimentos saludables, tiendas de cosméticos y perfumerías donde puedes comprarlos, asegurarte de que no seas estafado requiere más que encontrar un sitio web visualmente atractivo si decides comprar en línea. Conseguir comentarios y muestras confiables, si es posible, son algunas formas de cortar de raíz los problemas potenciales cuando compras un aceite esencial.

El precio es otra área complicada que debes considerar. Querrás comparar varias tiendas para el mismo producto antes de tomar una decisión. 15 ml de aceite esencial de rosa de Damasco pueden ser vendidos entre $300 a $700. Existen alternativas con precios más elevados, pero solo quieres comprar aquellos que garanticen que obtendrás el mejor valor por su dinero. Los precios también pueden variar dependiendo del país de origen, por ejemplo, las tiendas minoristas de sándalo de la India ofrecen un precio de unos $150 por onza o 30ml, mientras que los productos australianos del mismo sándalo pueden venderse por $80 la onza. Los costos de envío también pueden ser importantes si tienes problemas de liquidez. Ya que algunas de las grandes tiendas en línea pueden ofrecer envío gratuito para órdenes específicas, tómalo en consideración antes de realizar la compra.

El empaque del producto también es clave. Los productos empaquetados en botellas negras, marrones u oscuras son especialmente buenos ya que sus componentes estarán protegidos adecuadamente de los efectos de deterioro de la luz solar. La presencia de oxígeno también puede afectar el color y olor de los aceites esenciales. Cuando los aceites esenciales de alta calidad son almacenados adecuadamente pueden durar entre 6 y 24 meses.

CAPÍTULO 4: FORMAS DE USAR LOS ACEITES ESENCIALES

Generalmente, los aceites esenciales son usados mediante la aplicación tópica o inhalación pero nunca por ingesta, excepto en casos extremos que, por supuesto, deben estar guiados por un médico o personal médico con licencia.

Inhalar un aceite esencial ayuda a equilibrar las actividades en el lado derecho e izquierdo del cerebro. También estimula la producción y distribución de ciertas hormonas hacia otras partes del cuerpo. Cuando se aplica de forma tópica sobre la piel, el aceite esencial alcanza el torrente sanguíneo y finalmente llega a las partes específicas del cuerpo a las que está destinada a sanar. La especificidad de los aceites esenciales significa que se activan y tienen mejor compatibilidad cuando están en contacto con hormonas específicas, partes del cuerpo o sistema. Por tanto, un producto podría solo funcionar para los tejidos musculares, algunos para la médula ósea y así sucesivamente.

Formas Adecuadas de Aplicar los Aceites Esenciales

Generalmente los aceites esenciales son suaves y con un efecto natural, ayudando a los usuarios a reducir los síntomas del estrés, músculos adoloridos, fatiga mental y muchas otras condiciones. Pero todo esto es posible únicamente cuando se usan o aplican en la forma correcta. Por tanto, el uso inadecuado puede desencadenar episodios de reacciones alérgicas y otros efectos secundarios negativos. Esto es común si, por ejemplo, se aplica un aceite esencial diluido directamente sobre la piel. Esto puede resultar en salpullido, quemaduras, llagas dolorosas o algún tipo de irritación. Una forma común de evitar estos efectos secundarios es diluir dichos productos en crema o aceite no graso según se desee. Adicionalmente, se deben conservar fuera del alcance de los niños ya que obviamente causarán más daño en pieles sensibles cuando se aplican sin diluir.

Se debe evitar que los aceites esenciales lleguen a los ojos, nariz u oídos ya que pueden causar irritación. Si se aplica de manera tópica, usar guantes de látex podría evitar que los dedos la absorban en exceso. Algunos aceites esenciales son sensibles al sol, y no deben aplicarse si después irás a broncearte. Los aceites esenciales cítricos son ejemplos clásicos en esta categoría e incluyen aceites como el aceite de pomelo y aceite de bergamota.

Podría ser útil probar un aceite esencial en la piel por cualquier reacción adversa al momento de elegir el producto adecuado. Simplemente vigila cualquier efecto negativo después de frotar una pequeña cantidad en la mano y esperar 24 horas.

MÉTODOS DE INHALACIÓN

La inhalación es una de las pocas formas en que se pueden usar los aceites esenciales. Además de ser más conveniente y fácil de usar, también garantiza que la potencia y efectividad del aceite esencial no se pierda cuando es usado en aromaterapia. Aquí presentamos algunas formas de inhalar el aroma de los aceites esenciales.

- Olfateo directo

Esta es la forma más rápida y sencilla de inhalar los aromas de los aceites esenciales. Se realiza olfateando desde un frasco abierto o usando un perfume que contenga el aceite esencial mezclado con un portador.

- Manos ahuecadas

Para una inhalación más intensa, puedes colocar algunas gotas en las palmas de tus manos. Ahueca las manos sobre tu nariz inhalando lentamente el aceite y exhalando de la misma forma mientras te aseguras de mantener la boca cerrada.

- Método de difusión

En Difusión, posiblemente el método de inhalación más

completo, el aceite es difundido en el aire usando difusores como un cuenco calentador eléctrico o un cuenco de cerámica calentado con velas. Otras opciones incluyen un vaporizador, un nebulizador, un inhalador de mecha, un humidificador, un aspersor, un atomizador con mechas de repuesto, una almohada o sobre de lino, un popurrí o incluso un difusor de varias cañas. Cualquiera sea el método de difusión que elijas usar, algunas gotas de aceite combinadas con agua o vapor será todo lo que necesites para obtener los beneficios terapéuticos deseados de los aceites esenciales.

APLICACIÓN TÓPICA

Las varias formas de aplicar los aceites esenciales de manera tópica incluyen:

- Masaje de cuerpo completo

La aplicación tópica mediante un masaje de cuerpo completo es una de las formas más comunes de aplicar los aceites esenciales sobre la piel. Para el alivio específico de alguna dolencia, el masaje con aceite puede estar dirigido a los puntos de reflexología ubicados en las palmas de las manos y en las plantas de los pies. Puedes masajear las sienes si experimentas dolor de cabeza mientras que los problemas abdominales se pueden aliviar mediante la aplicación de un masaje localizado para relajar los músculos involucrados en la digestión.

- Agua de baño combinada con aceite esencial

Un enfoque más tranquilo, agua de baño o Jacuzzi tratado con un aceite esencial ayuda a aliviar el cuerpo y ofrece una sensación relajante después de un masaje de cuerpo entero.

- Al combinarlo con productos para la piel

Otra forma de aplicar los aceites esenciales de manera tópica es combinar el aceite elegido con un acondicionador, champú, limpiador facial, humectante o loción. Esto crea una combinación que impulsa una piel libre de imperfecciones mientras mantiene bajo control cualquier condición inflamatoria.

DILUYENDO

Con diluir, nos referimos a agregar gotas específicas de un aceite esencial, de tres a cinco gotas, en una cucharadita de loción o aceite portador. Esta proporción debe, sin embargo, ser disminuida en el caso de productos para el cuidado del rostro. Para los baños en bañera, disolverlo en aceite vegetal, miel o leche líquida o en polvo son formas confiables de garantizar que el aceite esencial se disperse uniformemente y no se acumule en una región.

MEZCLANDO

Una buena práctica es hacer tu investigación y tener una lista confiable de tres aceites esenciales que servirán a tu necesidad. Lo siguiente es experimentar con ellas para obtener la receta perfecta que contenga las cantidades adecuadas de tus aceites elegidos antes de finalmente combinarlos en una mezcla única. Elegir solo tres aceites esenciales y un portador o aceite base garantiza que puedas identificar cualquier problema rápidamente y arreglarlo inmediatamente. Por tanto, puedes agregar o retirar loa aceites uno a la vez a medida que conoces los aceites esenciales. Una mezcla de 5 aceites, como máximo, debería ser suficiente para el uso terapéutico.

CAPÍTULO 5: PRECAUCIONES GENERALES DE SEGURIDAD

Las precauciones de seguridad aquí incluidas no son exhaustivas ya que los aceites esenciales tienen características específicas y por tanto precauciones únicas de uso. Se proporcionan más precauciones de seguridad específicas en los siguientes capítulos. Para preguntas o solicitudes adicionales, no dudes en consultar a tu médico o aromaterapeuta profesional.

- La regla de oro es evitar usar el aceite esencial directamente sobre la piel cuando están en su estado "puro" o sin diluir. Sin embargo, los aceites de árbol de té y lavanda son excepciones notorias a esta regla, pero por supuesto, solo después de que la experimentación con los parches de prueba haya sido exitosa ya que algunas personas con piel excesivamente sensible pueden reaccionar a estos aceites, aun cuando son conocidos en la aromaterapia como los aceites más suaves.
- La administración de la prueba de parches en la piel es crítico antes de usar un aceite esencial por primera vez.
- Los aceites esenciales no deben ser usados oralmente, excepto cuando ha sido indicado por, y en presencia de un médico o practicante médico con licencia.
- Los aceites esenciales deben mantenerse alejados del fuego ya que son altamente inflamables.
- Si entra en contacto con partes sensibles como los ojos, debes lavar el aceite esencial mediante irrigación, usando una solución salina isotónica y estéril por unos 15 minutos. Si la reacción o el dolor persisten debes consultar a un profesional de la salud.
- Mantén todos los aceites esenciales fuera del alcance de los niños.
- Hinojo, romero e hisopo han sido reportados como problemáticos para pacientes con epilepsia y por tanto debes evitarlo si padeces esta condición.

- Los niños pequeños y los adultos mayores deben tomar dosis más bajas de aceites esenciales ya que pueden reaccionar negativamente a algunos aceites, especialmente al eucalipto y menta, ya que se han reportado problemas respiratorios en usuarios ubicados dentro de ese rango de edad. Y aunque puedan parecer suaves, solo una cantidad mínima, por ejemplo, una gota en el agua del baño o ½ gota por onza de aceite portador de lavanda o neroli generalmente es tolerada.
- Los pacientes con cáncer pueden usar solamente aceites esenciales como manzanilla, bergamota, jengibre, lavanda e incienso diluidos suavemente, mientras que deben evitar el anís y el hinojo.
- Se aconseja a las personas que se están sometiendo a sesiones de quimioterapia no utilizar aceites esenciales para evitar efectos adversos.
- Las personas con hipertensión no deberían usar aceites esenciales de menta, pimienta negra, hisopo, clavo, salvia, romero y tomillo.
- Los pacientes con presión arterial baja también deben evitar el aceite de lavanda.
- Las personas con tendencia a mostrar reacciones alérgicas a las nueces deben mantenerse alejadas de los aceites portadores de maní o almendras. Una mejor alternativa es usar aceites de canola (sin GM), girasol y cártamo.
- Las mujeres embarazadas deben mantenerse alejadas de los aceites esenciales hasta las semana 18 de gestación. Esto es más importarte aún si tiene un historial de abortos espontáneos. Sin embargo, los aceites esenciales pueden ser usados en dosis bajas en el segundo trimestre pero deben ser formulados por un aromaterapeuta experto o un profesional de la salud.

CAPÍTULO 6: DOCE ACEITES ESENCIALES RELAJANTES

BERGAMOTA

Una fruta cítrica predominante cultivada en Calabria, Italia, la Bergamota tiene un sabor agrio pero su cáscara es sorprendentemente similar al limón y dulce, con una fragancia suave y refrescante. Aunque ha sido cultivada en varios lugares de Estados Unidos y Sur América, la Bergamota italiana lidera el grupo en todas sus ramificaciones. El aceite verde o amarillo obtenido de la bergamota ha sido ampliamente usado en la elaboración de perfumes y colonias así como en la producción del té Earl Grey donde mejora el aroma único de la bebida. Apodado el aceite "soleado", la bergamota proporciona un gran efecto calmante pero también es energizante.

Esta fruta es efectiva en el tratamiento de fiebre y un amplio rango de condiciones de la piel como psoriasis, eczema, acné, herpes y piel grasa. Además, funciona bien para la cistitis y muchas infecciones del tracto urinario. Aunque es un buen estimulante del apetito, también ayuda a perder peso.

Los ricos beneficios antidepresivos de la Bergamota garantizan que sea un régimen útil para combatir la ira, la ansiedad, el alivio del estrés o cualquier Trastorno Afectivo Estacional (TAE).

PRECAUCIONES:

- No debe usarse sobre la piel sin diluir o "puro." La Bergamota puede aplicarse sobre la piel cuando ha sido diluida en una loción, un aceite portador o agua de baño.
- La Bergamota es altamente sensible al sol, y por lo tanto no debe usarse en un lapso de 12 horas antes de la exposición solar para evitar efectos adversos. Sin embargo, el aceite de

Bergamota etiqueto como 'Libre de Bergapteno' o 'Bergamota FCF' no supone ningún problema para la piel si es usado antes de la exposición al sol.

MANZANILLA

Extraída de las flores blancas, la Camomila tiene un color azul oscuro y tiene un sabor dulce y frutal con un trasfondo sutil amargo. Las flores de manzanilla secas son usadas comúnmente en la elaboración de té que tiene un efecto aromático positivamente refrescante. La manzanilla viene en diferentes variedades, pero las especies romana y alemana poseen un valor medicinal particularmente alto. Su naturaleza suave significa que es uno de los pocos aceites esenciales que pueden ser usados durante el embarazo así como en bebés y niños pequeños.

El aceite de manzanilla es un agente antiinflamatorio útil que funciona efectivamente contra los síntomas de alergias como eczema y problemas de la piel como ampollas y erupciones. La propiedad anestésica de la manzanilla garantiza una solución invaluable para migrañas, dolores de cabeza, dolores de estómago y calambres premenstruales. La manzanilla también es sedante, lo que la convierte en una excelente opción para la ansiedad, insomnio, cambios de humor, tensión nerviosa y otros desequilibrios emocionales.

PRECAUCIONES:

- El aceite de manzanilla fresco tiene un color azul, los de color verde muestran signos de deterioro y por tanto no deben ser usados.

SALVIA CLARIA

Esta hierba alta, también llamada salvia, viene en hojas de color verde púrpura peludas. Cuando se cocinan al vapor, los pétalos de salvia claria desprenden un aceite almizclado que viene con un tono de nuez y mejora el estado de ánimo mientras que es profundamente revitalizante y relajante.

El aceite de salvia claria es analgésico por naturaleza, y por tanto es una excelente opción para los calambres menstruales, dolores de estómago, los sofocos asociados con la menopausia y los dolores de parto. También es efectivo para dolores de cabeza y migraña y también puede ser usado para aliviar el asma. Dermatológicamente, aplicar salvia claria puede ayudar a tratar condiciones como la caspa para un cuero cabelludo brillante y saludable.

El aceite también es conocido por desencadenar propiedades similares a las "drogas", por lo tanto es un agente poderoso para los problemas del estado de ánimo como la depresión y la ansiedad. Ayuda a estimular el pensamiento creativo, promueve un sueño reparador y puede mejorar la meditación.

PRECAUCIONES:

- Al ser un aceite esencial que mejora el estado de ánimo, la salvia claria no bebe ser usada junto con alcohol u otras drogas recreativas.
- No es adecuada para mujeres embarazadas, niños pequeños o personas menores a 18 años.

INCIENSO

Original de los países africanos y del Medio Oriente y la India, el incienso tiene una resina blanca lechosa que puede someterse al vapor para producir un aceite esencial con una fragancia fresca y leñosa con tonos balsámicos y ahumados. El incienso tiene una larga historia y ha sido usado como sinónimo de purificación en rituales durante muchos siglos. El aceite de incienso tiene un efecto calmante y rejuvenecedor y ha sido usado para desinfectar y para la fijación de perfumes. Tiene fuertes propiedades dérmicas, por lo que puede revertir condiciones de la piel como arrugas, piel seca y escamosa, cicatrices y estrías. El aceite de incienso también ha sido utilizado para tratar bronquitis, asma, sinusitis, tos con flema, dolor de garganta y resfriados. El robusto aceite esencial fue utilizado en una investigación realizada en la Universidad de Connecticut en 2008 para tratar exitosamente la osteoartritis de rodilla. El aceite esencial de incienso se considera muy efectivo para ayudar a inducir la respiración profunda y lenta, eliminando los sentimientos de temor y promoviendo la fuerza emocional general. La tensión nerviosa, pesadillas, tristeza, estrés y ansiedad son otros usos del maravilloso aceite de Incienso.

LAVANDA

Otra planta beneficiosa usada en aromaterapia es la Lavanda. El aceite de lavanda se obtiene a partir de las flores púrpuras de los arbustos con hojas verdes o grises cultivadas popularmente en todo el mundo. Sin embargo, las cultivadas en Inglaterra y Francia son particularmente apreciadas. El aceite de Lavanda parecer ser incoloro o un color amarillo verdoso pálido y tiene una fragancia floral característica. Es suavemente dulce con un tono leñoso. La popularidad de la lavanda y su uso generalizado le han adjudicado el apodo de "El Aceite que Cura Todo" o la "Reina de los Aceites Esenciales." Pero no es difícil ver por qué. El aceite tiene una efectividad sublime y puede mezclarse con otras esencias para mejorar su efectividad. Se considera que el aceite de lavanda estimula la activación de la glándula pineal en el cerebro, y por tanto, ayuda a restaurar las funciones del cuerpo y las emociones. Es particularmente efectiva para proporcionar un efecto calmante, relajante y de alivio. La lavanda es usada de manera rutinaria en la producción de productos para el cuidado de la piel, así que podrías encontrar este aceite esencial en cremas y jabones así como en perfumes y limpiadores domésticos.

También es considerablemente suave; puede ser usado en bebés y niños pequeños cuando es diluido en lociones o aceites portadores. Pero eso no es todo si estás agregando al aceite de lavanda a la lista de tus 10 aceites esenciales principales. Combinado con aceite masajeador o un baño de agua, la lavanda es considerada un analgésico excelente para los espasmos musculares y dolores de cabeza. El aceite de Lavanda también puede aliviar infecciones, resfriados, bronquitis, y congestión nasal.

Este fantástico aceite puede ser usado sin diluir sobre heridas y superficies quemadas ya que acelera ligeramente el proceso de curación. ¿Quieres repeler insectos o tratar sus picaduras? ¿Y qué hay de las alergias inducidas por la picazón o el acné? Puedes usar aceite de Lavanda para tratar éstas y otras condiciones. La Lavanda también es un aceite confiable para la ira, los cambios de humor, ansiedad, insomnio e hiperactividad mientras que sus efectos calmantes aseguran un alivio inmediato si estás constantemente luchando contra los pensamientos vagos o si deseas mejorar tu perspectiva, racionalidad y calidad de la meditación.

PRECAUCIONES:
- Aunque el aceite de Lavanda es indudablemente beneficioso, se recomienda que las madres en sus primeros tres meses de gestación abandonen el uso de la Lavanda.

MEJORANA

La espesa hierba – Mejorana – tiene hojas de color verde plateado y un manojo de pequeñas flores rosadas y blancas. Espera un aceite incoloro con un aroma cálido y picante. Los usos populares de la mejorana en el Antiguo Egipto incluyen perfumes, ungüentos, y saborizantes de alimentos. El aceite esencial también es llamado "el gran consolador" debido a sus poderosos beneficios sedantes.

Al dilatar los vasos sanguíneos, la Mejorana puede ser útil para mejorar la circulación y aliviar dolores incluyendo dolores de cabeza, migraña, rigidez articular, dolor muscular, reumatismo y los dolores de la artritis. También puede mejorar problemas digestivos como flatulencias y estreñimiento mediante sesiones de masajes abdominales usando Mejorana. La inactividad sexual inducida por el estrés puede arreglarse con este aceite esencial debido a sus magníficas propiedades afrodisiacas y sedantes.

En el extremo emocional del espectro, el aceite puede mejorar el estado de ánimo depresivo generado por el dolor o la soledad. Otras condiciones que pueden ser revertidas con el aceite de Mejorana son el insomnio, la Obsesión (OCD), Hiperactividad (ADD/ADHD) y trauma (PTS).

PRECAUCIONES:
- Se han reportado efectos anestésicos. Por lo tanto, el aceite debe ser usado con cuidado. El uso prolongado puede causar efectos adversos en los sentidos.
- No debe ser usado durante el embarazo.

NEROLI

Conocido popularmente como azahar, el aceite de neroli, tiene un color amarillo pálido, es extraído de las fragantes flores blancas del Naranjo de Sevilla. El neroli es una tiene una fragancia floral fresca con un tono agridulce característico. Es un ingrediente usado popularmente en la producción de perfumes y cosméticos similares. Una quintaesencia de pureza e inocencia, al igual que sus flores, se cree que el Neroli ayuda a aliviar los nervios evidentes del novio o la novia. Esto se debe a sus características puras, edificantes, calmantes y ligeramente hipnóticas. La deslumbrante e impresionante fragancia es uno de los aceites esenciales más costosos. El aceite de Neroli ayuda a la regeneración celular, así que es una gran elección para las pieles secas y sensibles. También ayuda a tonificar los músculos faciales y la piel, convirtiéndola en parte esencial de muchos productos para el cuidado de la piel y aceites para masajes. Problemas abdominales como diarrea también pueden aliviarse con un masaje con aceite de Neroli.

Los aromaterapeutas profesionales colocan este aceite en la cima de sus listas para la conmoción, ansiedad crónica y decepción. El aceite de Neroli también es una solución efectiva para la desesperación, la depresión, la histeria, los ataques de pánico y el trastorno de estrés post-traumático. Haciendo retroceder estas condiciones y mejorando el optimismo la confianza y las acciones impulsadas por iniciativas. Siendo un afrodisiaco suave, el Neroli facilita el superar la timidez o ansiedad relacionadas con la actividad sexual.

ROSA

La Rosa es una flor con la que todos nos hemos encontrado. Pero no es solo su belleza e impresionante elegancia lo que nos cautiva. Los pétalos de rosa son una fuente increíble de aceites esenciales que proporcionan numerosos beneficios. Aunque existen muchas especies de esta flor, la Rosa de Damasco, Centifolia o Francesa son excepcionalmente útiles en la aromaterapia. Un producto de destilación de agua, la "Rosa de Damasco" es fácilmente el aceite esencial más caro que puedes encontrar en el mercado, vendido alrededor de los $500 y $1,400 la onza. También puedes cobrar una gota de "Rosa de Damasco" entre $1.25 y $4.00. El aceite tiene un color entre transparente y amarillo ligeramente pálido, presenta un aroma suave, ligero, dulce y aromático. Otra opción es la "Rosa Absoluta" que se destila con alcohol y tiene un color entre marrón y naranja con un aroma a miel profundo que es perceptiblemente más fuerte que el de la rosa de Damasco. A diferencia de la rosa de Damasco, no es tan costosa y puedes comprarla por la mitad del precio de la rosa de Damasco. Por tanto, no es poco común encontrar que algunos aromaterapeutas prefieren la rosa de Damasco, ya que creen que es superior. Sin embargo, la diferencia solo se encuentra en el olor ya que ambas tienen las mismas propiedades terapéuticas.

El aceite de Rosa tiene relevancia en varias condiciones. Al igual que otros aceites esenciales, ha demostrado ser beneficioso para la piel seca y escamosa. Se considera que un baño de masaje con aceite de rosa es particularmente efectivo para las mujeres que están luchando contra la depresión postparto, calambres premenstruales y la menopausia. El aceite también es afrodisiaco, y por lo tanto puede ayudar a revertir la ansiedad sexual y mejorar la confianza en sí mismo.

El aceite esencial de Rosa repele sentimientos de tristeza, aflicción o decepción mientras fomenta un espíritu interior más fuerte. El resultado final es un ambiente cómodo que irradia hacia adentro y hacia afuera para una mejor expresión de amor hacia los demás.

PRECAUCIONES:

- Se recomienda a las personas con historial de abortos espontáneos mantenerse alejados de este aceite esencial durante el primer trimestre de la gestación. Sin embargo, puede ser usado sin inconvenientes durante el segundo y tercer trimestre.

SÁNDALO

Las raíces y corazón del árbol de sándalo son destilados para obtener aceite de sándalo. Este árbol proporciona una de las maderas más fuertes del mundo. El aceite esencial de sándalo tiene un color amarillo entre pálido y oscuro y tiene una enorme longevidad, conservando sus propiedades y con una fragancia radiante por un periodo de tiempo muy superior a otros aceites esenciales que notablemente se habrían vuelto rancios.

El aceite tiene un sabor dulce con un aroma a madera y un toque picante, proporcionando un efecto armonizador y equilibrante para la psique, lo que le ha adjudicado su relevancia para el uso espiritual y en la meditación durante miles de años. La estimulante fragancia ha sido una gran opción en la elaboración de perfumes para hombres y mujeres. Las variedades indias del sándalo son ampliamente apreciadas. La rareza del sándalo debido a la creciente extinción ha impulsado el aumento del precio de este aceite esencial. Sin embargo, el aceite de sándalo australiano se puede adquirir por un precio más bajo que el de las alternativas indias y es considerado satisfactoriamente bueno por los aromaterapeutas profesionales.

El aceite esencial obtenido a partir del sándalo es calmante y proporciona alivio y es una de las opciones más populares para condiciones como laringitis y bronquitis. El aceite también es perceptiblemente efectivo para tratar infecciones del tracto urinario y la vejiga y también proporciona ayuda para revertir la retención de líquidos. El aceite de sándalo tiene propiedades astringentes, por lo tanto es utilizado para el tratamiento de una amplia variedad de condiciones en el cuero cabelludo. Cuando es usada en el agua de baño el sándalo promueve una sensación de relajación y ayuda a aliviar la tensión y los dolores de cabeza. También combate la agresión, tristeza y pensamiento obsesivo. Un fuerte afrodisiaco, el aceite esencial puede ser todo lo que necesitas para tratar el estrés y la impotencia inducida por la depresión.

PRECAUCIÓN:

- El aceite esencial es notablemente fuerte y no debe ser aplicado directamente en la piel sin diluir.

HIERBABUENA

El aceite esencial de hierbabuena es producido a partir de la destilación de las flores rosadas o lilas de la hierba, cuyas hojas son exhuberanmente verdes y pueden llegar a medir hasta 3 pies de largo. El aceite, de un color verde amarilloso, tiene un aroma a menta fresca muy similar a la menta. Pero es más suave y dulce que ésta última.

Adecuado para niños, este aceite esencial es un sabor regular en caramelos, goma de mascar, alimentos y medicamentos debido a su dulce sabor y efecto refrescante. El té de hierbabuena puede ser una bebida estupenda para la hora de dormir. Se cree que los antiguos griegos exploraron los beneficios antisépticos y refrescantes del aceite de hierbabuena incluyéndola en el agua de baño.

Una gran variedad de condiciones pueden beneficiarse del aceite esencial de hierbabuena. Algunas de ellas son enfermedades respiratorias crónicas incluyendo la sinusitis y la bronquitis. Este aceite también puede aliviar el dolor de cabeza y el dolor en el pecho. Otros problemas que pueden ser tratados mediante el uso de aceite de hierbabuena son los problemas digestivos al igual que los espasmos y problemas de tensión. Así, un masaje abdominal puede ayudar a aliviar las flatulencias, vómitos, hipo, estreñimiento y náuseas. Su efecto iluminador implica que sea útil en el blanqueamiento de los dientes mientras que mejora la salud de las encías. Si se combina con limpiadores faciales, este aceite esencial puede ayudar a cerrar los poros que de otra forma desencadenarían acné, ofreciendo a tu piel una apariencia saludable y un tono uniforme. Como muchos otros aceites esenciales, la hierbabuena es refrescante y mejora el estado de ánimo, así que puede ser útil para la depresión leve y la fatiga mental.

PRECAUCIONES:
- Aunque la hierbabuena generalmente está presente en los sabores de alimentos y medicamentos sin prescripción, no es seguro practicar la ingesta de ningún aceite esencial, incluyendo el aceite de hierbabuena, sin la debida recomendación y vigilancia de un médico profesional.
- En algunos casos, la hierbabuena puede causar irritaciones en los ojos. También puede ser problemática cuando es usada sobre pieles sensibles, incluso si ha sido diluida antes de su uso.

ÁRBOL DE TÉ

Este arbusto tiene hojas de color verde amarilloso que parecen agujas. La corteza del árbol es característicamente única y es llamada comúnmente corteza de papel de debido a su apariencia blanca similar a un papel. El aceite esencial es obtenido a partir de las hojas y ramas y tiene un aroma acre y picante similar al de la nuez moscada. El aceite es de un color amarillo pálido y presenta un olor sutilmente alcanforado. El árbol de té es altamente activo contra muchas infecciones causadas por bacterias, hongos y virus, convirtiéndolo así en un producto formidable para los ungüentos de primeros auxilios. El efecto sanador y penetrante del árbol de té irradia física y emocionalmente. Debido a su naturaleza altamente activa y su suavidad, el aceite puede aplicarse sin ser diluido sobre la piel y es usado exitosamente en el tratamiento de condiciones como hongos en las uñas, erupciones en la piel, ampollas, pie de atleta, herpes, piojos, picaduras de insectos, acné y abrasiones de la piel. La incómoda infección vaginal causada por la levadura también puede tratarse mediante baños tibios de agua de árbol de té y masajes abdominales frecuentes combinados con un aceite portador.

Mediante gárgaras y la inhalación del vapor, el aceite de árbol de té puede ayudar a revertir los síntomas del dolor de garganta y el resfriado. También puede ser usado para mejorar la resistencia a la sinusitis, bronquitis y laringitis. El sistema inmune se beneficiaría de los efectos potenciadores de los masajes y baño con aceite de árbol de té. Esto es especialmente recomendable cuando sufres de una enfermedad mortífera de largo plazo como la mononucleosis infecciosa causada por el virus Epstein - Barr. El dolor de la culebrilla puede ser anulado aplicando árbol de té combinado con un gel de aloe vera. El fuerte y poderoso aroma del árbol de té ayuda a aclarar la mente, contrarrestar la fatiga y mejorar la concentración. Al promover la confianza y potenciar la resistencia y la fuerza, el aceite de Árbol de Té lubrica la mente y posiciona al cuerpo para una curación más rápida.

PRECAUCIONES:
- No debe ser usado en exceso. El agua de baño con un máximo de gotas es suficiente. 2% en lociones o aceites para masajes tampoco debería presentar efectos adversos.
- Podría tener efectos irritantes, especialmente cuando se aplican sobre pieles sensibles.

YLANG-YLANG

Indonesia es hogar de las grandes flores tropicales del árbol de Cananga a partir de las cuales se deriva el aceite esencial de ylang-ylang. "Ylang-ylang" en malayo se traduce como "flor de flores." El aceite esencial tiene una apariencia transparente, con un color amarillo pálido y una fragancia de almendras extremadamente dulce y una nota exótica y balsámica. El olor es excepcionalmente cautivador y sedante, y por lo tanto hace que el aceite esencial de ylang-ylang sea básico en la fabricación de perfumes y confiterías. El grado más alto del aceite es llamado "ylang-ylang extra," y por lo general es la primera opción para ser usada en la aromaterapia.

Aunque el ylang-ylang es usado para una gran cantidad de condiciones, las más prominentes son hipertensión, respiración rápida y palpitaciones cardiacas inusuales. Sin embargo, el aceite esencial también es usado en la elaboración de productos para el cuidado de la piel y del cabello donde es usado para tratar el exceso de grasa. Es un afrodisiaco potente, un masaje abdominal o inguinal usando ylang-ylang puede ayudar a revertir la frigidez y la impotencia.

El efecto calmante lo hace bueno para aliviar el estrés. El aceite esencial puede ser usado para superar sentimientos de ira, frustración, tristeza, y problemas emocionales más intensos como el estrés post-traumático. Al ayudar a promover la tranquilidad y la paz interior, el ylang-ylang ayuda a la meditación consciente, y fomenta el pensamiento creativo. Agregar algunas gotas del aceite esencial en el agua de baño mejorará el estado de ánimo y relajará la mente, lo que es invaluable en el tratamiento de trastornos del sueño como el insomnio.

PRECAUCIÓN:

- Debe ser usado en pequeñas cantidades. El uso extensivo por un largo periodo de tiempo puede desencadenar náuseas y dolores de cabeza. Los efectos negativos, sin embargo, pueden evitarse mezclando el ylang-ylang con bergamota o neroli.

CAPÍTULO 7: LOS ACEITES ESENCIALES BÁSICOS

ALBAHACA

La albahaca es una hierba aromática con pequeñas flores blancas y hojas de color amarillo verdoso. También llamada "albahaca santa" o "albahaca dulce," el aceite esencial de esta hierba tiene un color amarillo pálido con un ligero aroma a menta dulce y una fragancia frutal y picante. El aceite de albahaca es muy similar al aceite de romero, pero es notablemente más sutil que éste último. Es un estimulante suave y potencia los sentidos para una mejor resistencia. Los indios creen que la hierba de albahaca ayuda a proteger a los espíritus y casas de los habitantes, por ello el crecimiento de su popularidad como una planta doméstica.

Combinado con aceite de masajes, la albahaca actúa como un fuerte antiespasmódico, ayudado a aliviar las tensiones musculares y promoviendo los espasmos digestivos. Estos beneficios hacen del aceite de albahaca un producto favorable para las mujeres que experimentan calambres menstruales o congestión en el pecho. El cansancio físico causado por una enfermedad debilitante de largo plazo puede ser remediado con aceite de albahaca. Por lo tanto es un buen trampolín cuando se necesita una buena ráfaga de energía.

Al mejorar el pensamiento rápido, el aceite de albahaca puede estimular mejor la consciencia mental e impulsar la buena toma de decisiones. Es un verdadero aceite esencial para combatir la depresión, el cansancio físico o los sentimientos de hastío y letárgicos. El aceite de albahaca también ayuda a descongestionar la mente antes de la meditación.

PRECAUCIONES:
- No debe ser usado durante el embarazo o por personas con piel hipersensible.
- No es adecuado para usuarios menores a 16 años.
- Debe ser usado en pequeñas cantidades sin exceder el 2% (6 gotas por ½ onza) de loción o aceite portador.
- El uso prolongado y la aplicación sin diluir puede causar efectos adversos.

HOJA DE CANELA

El aceite esencial de Canela es obtenido a partir de las hojas del árbol de canela. Mientras que la corteza de canela tiene una fuerte fragancia y produce un aceite esencial marrón rojizo oscuro, es particularmente irritante para la piel, y obviamente no es la primera opción para usar en la aromaterapia. Sin embargo, el aceite esencial derivado de la hoja de canela es muy aromática y tiene una fragancia dulce y picante que es ligeramente similar a la pimienta y el clavo, excepto que es más aguda y fuerte.

La canela es usada popularmente como un saborizante para las comidas y también tiene gran relevancia en medicina El aceite esencial obtenido a partir de la hora es inspirador y estimulante. El aceite de canela es sublime para el resfriado e infecciones bacterianas cuando se usa con un vaporizador o difusor. También ayuda a acelerar la recuperación cuando se trata de enfermedades respiratorias. La canela, usada en masajes abdominales, puede revertir los síntomas de la mala digestión, flatulencias y los síntomas de la gripe. El aceite también es útil para aliviar la rigidez o los dolores de la artritis cuando se usa para masajear la columna vertebral o las articulaciones. Puede ayudar a normalizar el desequilibrio emocional, convirtiéndolo en un excelente aceite esencial para aplastar sentimientos de tristeza y aislamiento mientras proporciona la chispa necesaria para las condiciones letárgicas.

PRECAUCIONES:

- El aceite esencial de la hoja de canela no debe ser utilizado por personas con piel sensible.
- Se usa mejor en cantidades diminutas. Máximo 3 gotas en un baño de agua, o ½ onza en una loción o aceite de masajes.

CLAVO DE OLOR

Este árbol de hoja perenne no solo es popular por producir bayas moradas y aromáticas flores rojas; en el centro de su flores hay brotes rosados que se pueden secar al sol y procesar mediante destilación para obtener el aceite esencial de clavo de olor con una fragancia fresca y picante similar a la de la canela pero un poco menos intensa o fuerte.

El aceite es de un color amarillo pálido y rutinariamente ha sido parte integral en la elaboración de perfumes, alimentos y medicinas durante miles de años con una rica historia que data de la antigua China, Egipto y Roma. El aroma del clavo es descrito como intrigante, misterioso y levemente estimulante. Por lo tanto, el clavo es un analgésico con efecto reconfortante y calmante. Estos beneficios significan que el clavo de olor proporciona una ayuda confiable para aliviar el dolor de muelas cuando se aplica sobre el diente adolorido o el tejido de las encías. También funciona como un refrescante del aliento y proporciona alivio al dolor muscular y la rigidez de las articulaciones producidas por la artritis y el reumatismo. En cuanto a la indigestión, el aceite de clavo mejora el apetito y ofrece una solución para la indigestión, flatulencias y náuseas. Es increíblemente asombroso para la negatividad emocional inducida por una enfermedad y por lo general ayuda a vigorizar y revitalizar la mente para un día satisfactorio.

PRECAUCIONES:

- No debe ser usado en piel seca o sensible.

- No debe ser usado excesivamente para evitar efectos secundarios. El baño de agua no debe contener más de tres gotas mientras que los aceites de masajes y lociones se combinan mejor con ½ onza de aceite.

EUCALIPTO

El eucalipto es extremadamente diverso con más de setecientas especies conocidas. Sin embargo, solo unas veinte de ellas son importantes en la aromaterapia, cada una con diferencias ligeras. El eucalipto de hoja perenne puede llegar a los 30 metros de altura, produciendo hojas verde oscuro a partir de las cuales se obtiene el aceite esencial. El aceite tiene una aroma característico y agudo, con un tono leñoso y balsámico. El eucalipto es ampliamente vigorizante y penetrante y está entre los pocos aceites esenciales cuya potencia crece consistentemente a medida que envejece. El eucalipto es fácilmente una opción para el tratamiento de resfriados, sinusitis y bronquitis, independientemente de si es una infección viral, bacteriana o fúngica. Puede ser utilizado mediante la inhalación de vapor para limpiar los problemas respiratorios mientras trata el dolor de cabeza, el dolor de garganta y la neuralgia.

Al ser un aceite esencial potente contra la bacteria, es usado como un desodorante y desinfectante para las habitaciones cuando se usa con un difusor o vaporizador. El aceite esencial de eucalipto es un excelente repelente de insectos y funciona bien en el tratamiento de picaduras de insectos. En el agua de baño, el aceite puede revertir los síntomas de erupciones y culebrilla, mientras que si se combina con bergamota es una solución efectiva para las ampollas y el herpes.

La característica vigorizante y purificadora significa que aleja el cansancio mental y emocional exitosamente. El "eucalipto limón" presenta una fragancia poderosa que puede ayudar a promover la agilidad mental y la concentración durante las tareas y además ayudar a aclarar la mente, permitiendo sesiones de meditación u oración efectivas.

GERANIO

Ningún aceite esencial puede obtenerse a partir del geranio de jardín ornamental. Adicionalmente, solo una de las más de setecientas variedades de geranio conocidas es relevante para la aromaterapia. Toda la planta de geranio incluyendo las hojas peludas aserradas, los ramilletes de flores de color rosa magenta o rojo son necesarios para obtener el aceite esencial, cuya fragancia es similar al limón y yerbas con reminiscencias de rosa. El aceite esencial de color verde claro es, sin embargo, más barato que el del aceite de rosa y generalmente está presente en los perfumes para hacer que el aceite de rosa sea más efectivo. El aceite tiene un aroma que proporciona un efecto armonizador, refrescante e inspirador mientras aumenta la sensación de estabilidad y seguridad.

Al estimular la corteza adrenal, el geranio es conocido por revertir el desequilibrio hormonal que puede presentar varios problemas en las mujeres con síntomas de menopausia y calambres menstruales. El geranio también tiene propiedades antisépticas que lo hacen invaluable para la desintoxicación linfática o para ayudar en las heridas menores de la piel. Su efecto embellecedor está basado en la regulación de las glándulas cutáneas y el estancamiento de la producción excesiva de aceite, que son activamente problemáticos, causando acné y otros problemas de la piel.

El geranio ayuda a promover una mejor circulación que puede ser útil para el funcionamiento óptimo del sistema urinario. Cuando se usa en aceites para masajes, el geranio puede ser usado de manera rutinaria para reducir la celulitis. Puede ayudar a repeler insectos y funciona efectivamente como un ambientador. El aceite de geranio es emocionalmente beneficioso y ayuda a combatir la depresión, los cambios de humor, la ansiedad y el nerviosismo, así como el estrés y la fatiga.

JASMIN

Un arbusto en flor, el Jazmín tiene lindas hojas verdes y flores blancas de las cuales se deriva el aceite mediante la extracción por solventes para obtener un "Jazmín absoluto" – la única forma de aceite esencial de jazmín. El aceite de color naranja oscuro tiene una fuerte fragancia con un tono dulce a miel. Pero se requieren muchas flores de jazmín para producir una cantidad decente de Jazmín absoluto. Se requieren alrededor de mil libras de flores de jazmín para obtener 4.5 gramos de absoluto. Así que es comprensible que sea uno de los aceites más costosos del mercado. El Jazmín emite su aroma más fuerte durante la noche, y de ahí es que ha sido apodada popularmente como "la reina de la noche." El aceite es ligeramente hipnótico pero seguramente es eufórico, liberador y revitalizante. No es de extrañar que sea la primera opción de perfumes de muchos usuarios.

Pero eso no es todo sobre el Jazmín. Además de perfumar bien y mantenerse fuerte en los perfumes, también funciona de manera excelente en el departamento de la piel ayudando a rejuvenecer y dar un aspecto vibrante. Agregado al agua tibia, el Jazmín absoluto puede ser usado para combatir efectivamente la rigidez en las articulaciones, espasmos musculares y episodios sostenidos de esguinces de ligamentos. También es reproductivamente beneficioso para ambos géneros, ya que puede ser usado en masajes abdominales y en la espalda para reducir los dolores de parto y las molestias que pueden ocurrir con el alargamiento de la próstata. Un fuerte efecto afrodisiaco lo posiciona para ayudar a estimular el vigor y las pasiones para una familia más feliz.

La sólida naturaleza estimulante la convierte en un antidepresivo estimulante que puede devolver la confianza y el buen sentido del juicio a las personas que sufren de problemas letárgicos y de indecisión. Por lo tanto, combate el pesimismo, aniquila el miedo y descarta la paranoia, dando como resultado final un pensamiento elevado con emociones positivas mejoradas.

LIMÓN

La cascara de la fruta del limón produce el aceite esencial cuando se prensa en frío. El aceite esencial de limón tiene un color verde amarilloso pero es distinto al "limón-petitgrain," "bálsamo de limón" o "citronela," que tiene diferentes beneficios para la aromaterapia debido a sus propiedades características. El aceite de limón desprende una esencia dulce a cascara de limón fresca, sin embargo, es más fuerte y duradera. El aceite de limón con frecuencia está presente en la elaboración de perfumes, los productos de cuidado personal así como en los limpiadores domésticos. También tiene relevancia en la medicina y es una adición popular en los saborizantes de alimentos. El aceite de limón viene con un aroma refrescante, vigorizante y purificador.

El aceite esencial es ideal para la desintoxicación de los sistemas respiratorios, circulatorios y linfáticos. Además en bueno para limpiar las heridas y puede ser usado para el tratamiento del dolor de garganta y resfriados debido a sus propiedades antibacterianas. Un neutralizador de ácidos, el aceite de limón es, además, fantástico para la gota y neutraliza la acidez excesiva del estómago. También puede ser usado para tratar el reumatismo. Cuando se incluye en los productos para el cuidado de la piel, el limón revierte la piel opaca y grasosa, mientras limpia las manchas oscuras y las venas varicosas. Cuando se agrega al champú o para enjuagar el cabello después del lavado, el limón realza el brillo para un cabello deslumbrante. Un baño de aceite de limón puede ayudar a la recuperación de la fatiga mental o ayudar a recuperar el vigor después del agotamiento sostenido de la actividad física. El aceite de limón mejora la toma rápida de decisiones y libera la mente de cualquier cosa que le impida concentrarse, convirtiéndolo así, en un aceite ideal para usar antes de la meditación.

PRECAUCIONES:

- El aceite de limón es particularmente sensible a la luz, y por

lo tanto no debe ser aplicado 24 antes de la exposición al sol
- Debe ser evitado por personas con piel sensible.
- Debe ser usado en cantidades mínimas. No más de tres gotas en el baño de agua. El aceite de masajes o loción no debe contener más de ½ onza de aceite de limón.

PACHULÍ

Las hojas de Pachulí son largas, peludas y suaves. Para obtener el aceite esencial de Pachulí, primero se secan las hojas y después son fermentadas por varios días antes de la destilación. Esto termina con la producción de un aceite esencial de color naranja oscuro cuya fragancia es característicamente picante y leñosa, con una presencia ahumada y balsámica. Un fuerte agente usado en la elaboración de perfumes, el pachulí también es un buen desodorante y además es empleado para repeler las polillas de las alfombras y telas tejidas. El aceite también es afrodisiaco, y por tanto equilibra y rejuvenece el vigor sensual.

Varias anomalías de la piel pueden ser revertidas mediante la aplicación del aceite esencial de pachulí. Algunas de estas condiciones son piel grasa, dermatitis, caspa y pie de atleta. Es particularmente útil para la renovación de la piel y ayuda a ocultar cicatrices con sus propiedades regenerativas.

Un excelente repelente para insectos, el aceite de pachulí también puede ser usado para las mordeduras de serpientes. El aceite esencial ayuda a tratar problemas sexuales pertinentes incluyendo la impotencia masculina y la frigidez en las mujeres.

Sus beneficios emocionales la vuelven excelente para la ansiedad, ira, nerviosismo y otros desequilibrios emocionales. Los pensamientos negativos pueden iniciar estados de ánimo depresivos y confusión que pueden llevar a una vacilación y procrastinación prolongada, sin embargo, estos también pueden ser revertidos con el pachulí. También es usado para remediar los problemas de fantasías episódicas y abstinencia de drogas fuertes como el tabaco.

MENTA

La planta de menta produce puntas floreadas y hojas suaves a partir de las cuales se destila el aceite de menta. El aceite es virtualmente incoloro y tiene un olor fuerte y penetrante. La historia de la menta data de miles de años cuando fue explorado popularmente por los antiguos griegos y egipcios. Esto no ha afectado su distribución al día de hoy, aunque ha obtenido una popularidad masiva alrededor del mundo, y es usada comúnmente como saborizante de alimentos, dulces, gomas de mascar, y en drogas sin prescripción. El olor acre característico viene del mentol, que tiene una presencia predominante en cantidades que oscilan entre el 50% al 80%. La menta es altamente refrescante, energizante y genera una sensación de alivio. Ha sido usada ampliamente para ayudar a aliviar dolores de cabeza debido a sus propiedades analgésicas.

Varios problemas digestivos también responden bien al masaje abdominal con aceite de menta. Algunas de estas condiciones incluyen diarrea, síndrome de intestino irritable, estreñimiento, flatulencias, cinetosis, espasmos en el colon y náuseas. Debe ser aplicado con un aceite portador en las sienes, frente y cuello para aliviar dolores de migraña. Los dolores de artritis, espasmos en las piernas, dolores musculares y calambres menstruales pueden mejorar mediante un masaje con aceite de menta.

El aceite esencial también puede ser usado como un expectorante o descongestionante si es masajeado en el pecho para aliviar la bronquitis, resfriados, tos, asma y sinusitis. El aceite de menta también es un antiviral confiable, ayudando a eliminar el herpes y la gripe. Las infecciones del hongo de la levadura y el pie de atleta también pueden beneficiarse del aceite de menta. Cuando se usa como un antiséptico, el aceite esencial puede ser útil para prevenir la caries dental, el mal aliento y las enfermedades de las encías. La inhalación del aceite de menta aumenta la lucidez, mejora la claridad mental y garantiza que la concentración llegue a su punto máximo. Por lo tanto, la menta combate la fatiga mental así como los sentimientos de apatía e inseguridad.

PRECAUCIONES:
- Se pueden experimentar reacciones alérgicas cuando se usa sobre pieles sensibles. Así, nunca debe ser usado puro, sino en combinación con una loción, aceite portador o el baño de agua.
- La menta no debe ser usada por niños menores de cinco años ya que existe la probabilidad de desarrollar reacciones adversas debido al mentol.

AGUJA DE PINO

El pino escocés puede ser popularmente reconocido por sus corteza roja, también tiene conos, ramas y hojas en forma de aguja de las cuales se deriva el aceite esencial. La aguja de pino es, sin embargo, la fuente preferida para la producción del aceite esencial usado en la aromaterapia. El aceite transparente produce un aroma fresco, con una fragancia balsámica y una sutil sensación de aguarrás. El aceite derivado del pino ha sido ampliamente utilizado en limpiadores, jabones, y desodorantes por igual debido a sus fuertes propiedades antisépticas. Un baño de sauna garantiza su efecto vigorizante y energizante.

El aceite esencial es ideal para liberar los pulmones de flema. También tiene beneficios respiratorios adicionales que lo hacen ideal para condiciones como sinusitis, resfriados, fiebre del heno y bronquitis. Es fuerte para combatir muchos otras infecciones bacterianas y virales. Cuando es vaporizado, el aceite de pino puede generar alivio a los pacientes de asma mientras también desinfecta el aire.

En las lociones de masajes, el aceite de pino puede ayudar a tratar lesiones desarrolladas mediante la práctica de deportes como la tensión muscular debido al esfuerzo excesivo y esguinces. Se cree que el baño con aceite de pino puede ayudar en el tratamiento de la cistitis y estimular suavemente la función de la vejiga débil o renal proporcionando beneficios diuréticos. También es una buena adición para el tratamiento de la celulitis mediante el masaje.

El aceite esencial de pino ayuda a aliviar los síntomas de la fatiga al igual que el cansancio mental generado por la tensión e irritabilidad.

Una difusión de aire de aceite de pino aporta un aura de confianza, perdón y aleja los sentimientos de culpa, proporcionando un ambiente mejorado adecuado para la meditación.

PRECAUCIÓN:

- Puede causar irritación en la piel incluso si está diluido, especialmente en las personas con piel sensible.

ROMERO

El aceite esencial se deriva de las flores azules del arbusto de Romero. El aceite resultante es incoloro y fino y presenta un aroma herbal con un matiz de alcanfor y bálsamo, asegurando que el romero tenga un olor fresco y medicinal. Históricamente se ha considerado que el romero ayuda a crear una forma de proteccion contra las energías y emociones negativas. En consecuencia, es usado en funerales y bodas con este propósito. Sin embarto es usado comercialmente en la preparación de productos para el cuidado de la piel.

Al igual que con el resto de los aceites esenciales, existen muchos beneficios para el uso del aceite de romero. Para los principiantes, se puede agregar algunas gotas de aceite de romero en el acondicionador, el champú o el agua del enjuague para estimular el cuero cabelludo, ayudando así a eliminar la caspa y promover el crecimiento de un cabello fuerte. En los productos faciales, el aceite de romero es usado para revitalizar y rejuvenecer, asegurando que la piel opaca vuelva a la vida rápidamente. Un masaje de cuerpo completo con aceite de romero ayudará a mejorar la circulación y a controlar la rigidez en las articulaciones, por lo tanto, combate el dolor muscular, la neuralgia, los espasmos, la artritis, la gota y el reumatismo.

El aceite es fantástico para ser usado en la prevención de infecciones transmitidas por el aire. El Romero es considerado el aceite esencial más importante cuando buscas mantener y mejorar la función cerebral ya que mejora la estabilidad mental, aumenta la fuerza emocional y ayuda en la recuperación del estrés emocional, la confusión y la negatividad que generalmente se experimenta cuando se sufre de un equilibrio mental deficiente. También mejora la memoria y es por ello que generalmente lidera las listas de los estudiantes y escritores ya que mejora la visión intuitiva, aumenta el pensamiento creativo y ordena la mente de cualquier impedimento para el flujo libre de la energía mental. También se considera que el aceite de romero ayuda al pensamiento práctico y facilita un mejor enfoque para resolver los problemas emocionales, físicos y espirituales. Es otro aceite esencial invaluable para enfocar la mente antes de la meditación.

PRECAUCIÓN:

- No debe ser usado durante el embarazo o por pacientes que padezcan de fiebre o epilepsia

TOMILLO

El aceite esencial de este frondoso arbusto se extrae a partir de las hojas y de las flores superiores blancas. Se conocen más de 150 especies de tomillo, de las cuales el "tomillo rojo" es la más poderosa, y tiene un color marrón rojizo o naranja. El tomillo rojo se aplica mejor en la aromaterapia mediante la difusión área y tiene una alta concentración de ácido carbónico que puede causar irritación en la piel si es usado de otra manera. Sin embargo, existe una variedad más sutil en el "tomillo linalol" que es un líquido fino, de color amarillo pálido que puede ser usado en la piel después de diluirlo en el agua de baño o en un aceite portador.

Se puede comprar una destilación múltiple de tomillo rojo llamada "aceite esencial de tomillo blanco" producido por algunos fabricantes y que es más amigable con la piel.
Cualquiera sea la variedad, todas las variedades de tomillo parecen tener un olor idéntico aunque el tomillo rojo es particularmente más acre. El tomillo rojo también tiene un aroma dulce, picante y sutilmente medicinal. El aceite proveniente del tomillo fue usado

principalmente en las antiguas civilizaciones de Roma, Egipto y Grecia. El aceite era usado esencialmente en baños, aceites de masajes, quemadores, desinfectantes y ambientadores debido a sus características purificadoras, energizantes, fortalecedoras y re-equilibrantes.

El aceite de tomillo también es importante para combatir las infecciones virales y bacterianas, además estimula la producción de glóbulos blancos en la sangre y en consecuencia hace que el sistema inmune sea más resistente a infecciones, previniendo los dolores de garganta, resfriados y gripe.

Al mejorar la producción de glóbulos rojos, el aceite de tomillo asegura que el oxígeno se distribuya más rápidamente hacia todas las partes del cuerpo, haciendo así que el cuerpo se sienta refrescado y revigorizado. El aceite es útil para mejorar el apetito que generalmente disminuye en las personas enfermas. El aceite de tomillo es usado para ayudar en la digestión y para solucionar problemas de estreñimiento. El efecto se expande en un cuerpo magníficamente energizado y un sistema fuertemente equilibrado. También puede revertir la pérdida de vigor debido a la fatiga, la impotencia masculina y la frigidez sexual.

PRECAUCIONES:

- El tomillo tiene muchas variedades, sin embargo, no deben ser usadas durante el embarazo ni por personas con problemas de hipertensión.
- El tomillo rojo no debe ser usado en ningún caso como aceite de masajes o agregado al agua de baño. También es mejor evitar el uso en niños.

CAPÍTULO 8: SPA CASERO Y POTENCIADORES DE BELLEZA

La aromaterapia puede apoyar tu salud y bienestar, pero su efecto es más agradable cuando es usado en el cabello, cutis, piel, uñas y para el cuidado general del cuerpo. Los aceites esenciales no solo huelen bien. También aportan mejoras notables en tu apariencia. Elaborar tus propias cremas, lociones, bálsamos y otros artículos de cuidado personal es una forma de garantizar que los productos que usas contienen solo ingredientes naturales, incluyendo aceites esenciales puros. Si todavía no tienes una tienda de alimentos naturales donde comprar, busca una en tu área. Encontrarás ingredientes como jabón de castilla, agua de rosa, Manteca de cacao cruda, miel cruda, y glicerina vegetal en la tienda de tu vecindario, Mercado público, o tienda de alimentos naturales (en las grandes ciudades, prueba Whole Foods o Trader Joe's).

Astringente

Para una piel grasa, combinada o propensa al acné, usa aceite esenciales con un efecto astringente. Coloca algunas gotas de este astringente en una mota de algodón y aplícala sobre el rostro, poniendo un cuidado especial en la zona T.

- 2 onzas de agua de rosa
- 1 onza de avellano de bruja
- 2 gotas de aceite esencial de sándalo
- 1 gota de aceite esencial de ciprés

1. Vierte el agua de rosas en una botella de vidrio de 3 onzas.

2. Agrega el avellano de bruja, seguido por los aceites esenciales de sándalo y ciprés y bate bien.

3. Deja la solución en reposo por 36 horas.

4. Bate la solución nuevamente, y viértela en un filtro de café para eliminar los aceites que se encuentran encima de la mezcla.

5. Descarta el filtro, y vierte la solución restante nuevamente en la botella.

Bolas de Baño

Arroja dos de ellas en el agua de baño para deleitar a tus hijos o para consentirte un poco. Una cesta o envase de estas pequeñas maravillas aromáticas también son una linda adición para un estante o tocador de baño.

- ½ taza de ácido cítrico
- 1 taza de bicarbonato de sodio
- ¾ taza de maicena
- ¼ taza de sal de Epsom
- 10 a 15 gotas de aceite esencial (buenas opciones: jazmín, lavanda, pachulí, vainilla e ylang-ylang)
- 6 gotas de el colorante alimenticio de tu preferencia
- 2 onzas de agua

1. Mezcla el ácido cítrico, bicarbonato de sodio, y maicena, y pásalos por un cedazo o tamízalos para asegurarte de que están bien mezclados.
2. Agrega la sal de Epsom, y mezcla bien.
3. Agrega el aceite esencial y el colorante alimenticio a los ingredientes secos, usa tus dedos para descomponer los grumos.
4. Rocía ligeramente la mezcla con agua para humedecerla. Si usas demasiada agua, la mezcla burbujeará y se expandirá.
5. Moldea la mezcla húmeda en bolas redondas del tamaño de un huevo.
6. Coloca las bolas en sobre una hoja de hornear y déjalas secar durante la noche.
7. Almacena las bolas de baño en un lugar accesible para un baño relajante.

Sales de Baño

Solo se necesitan unos minutos para crear tus propias sales de baño y puedes almacenarlas en contenedores atractivos para exhibirlos en tus estantes de baño.

- 3 tazas de sal marina
- 3 cucharaditas de aceite portador de coco
- 6 gota de aceite esencial de cedro
- 6 gotas de aceite esencial de camomila
- 4 gotas de aceite esencial de salvia claria
- 4 gotas de aceite esencial de jazmín

1. Vierte la sal en un contenedor de cerámica o vidrio.
2. Rocía el aceite portador sobre la sal 1 cucharadita a la vez, mezclando después de cada rociada para evitar que se aglutine.
3. Agrega los aceites esenciales de cedro, manzanilla, salvia claria y jazmín, y mezcla bien.
4. Almacena las sales en un contenedor con una tapa hermética, y agrega una taza a un baño corriente.

Mantequilla Corporal

Es fácil y rápido preparar tu propia mantequilla humectante corporal. Si la combinación de esencias de vainilla, almendra, coco y cacao te parece muy dulce, reemplaza la manteca de cacao con manteca de karité y usa aceite esencial de jazmín o ylang-ylang. Esta receta rinde alrededor de 3 tazas.

- 1 taza de manteca de cacao cruda
- ½ taza de aceite de coco
- ½ taza de aceite de almendra dulce
- 6 gotas de aceite esencial de vainilla

1. Coloca la Manteca de cacao y el aceite de coco en un envase de vidrio o cerámica.
2. Coloca el envase en una olla a fuego lento, y deja que los ingredientes se mezclen.
3. Retira el envase del fuego y déjalo enfriar por 30 minutos.
4. Agrega el aceite de almendra dulce y el aceite esencial de vainilla para enfriar la mezcla.
5. Enfría la mezcla en el congelador por 20 minutos.
6. Usando una batidora eléctrica o un procesador de alimentos, bate los ingredientes combinados hasta que parezcan una mantequilla.
7. Coloca la mantequilla corporal en un frasco de vidrio, y almacénalo en el refrigerador entre cada uso.

Tratamiento de Cutícula

Para una lujosa sensación de tratamiento de belleza sin la costosa manicura, mezcla un poco de este baño suavizante.

- ¼ taza de aceite de almendra dulce
- 2 cucharaditas de aceite de semilla de albaricoque
- 5 gotas de aceite esencial de geranio
- 2 gotas de aceite esencial de rosa

1. Vierte los aceites de almendra dulce y semilla de albaricoque, después los aceites esenciales de geranio y rosa, en una botella de vidrio de color oscuro, y mezcla bien.
2. Agrega algunas gotas de la solución en un contenedor con agua tibia.
3. Sumerge tus manos por 10 minutos.

Limpiador Facial

Puedes usar este limpiador natural todos los días para aclarar y tonificar tu piel. Es una combinación que también es potente contra el acné. Busca el jabón líquido de castilla en una tienda de alimentos naturales.

- 1 taza de agua filtrada
- ¼ taza de jabón líquido de castilla
- 5 cucharaditas de aceite de jojoba
- 2 cucharadas de miel fresca
- 15 gotas de aceite esencial de limón
- 1 cucharada de aceite esencial de árbol de té

1. Vierte el agua en un envase de vidrio o cerámica.
2. Agrega el jabón de castilla en el agua.
3. Agrega el aceite de jojoba y miel, seguido por las esencias de limón y árbol de té, y mezcla suavemente.
4. Vierte la mezcla en un dispensador para jabón de espuma, y bate antes de usar.

Acondicionador para el Cabello

Esta receta es para cabellos normales. Si tienes el cabello graso, usa abedul o salvia en lugar de lavanda. Para cabellos secos, usa geranio o milenrama en lugar de limón.

- 2 onzas de agua
- 2 onzas de vinagre blanco
- ½ cucharadita de glicerina vegetal
- 3 gotas de aceite esencial de romero
- 2 gotas de aceite esencial de lavanda
- 2 gotas de aceite esencial de limón

1. En una botella de vidrio de color oscuro, agrega el agua, vinagre y glicerina vegetal.
2. Agrega los aceites esenciales de romero, lavanda y limón y mezcla bien.
3. Lava tu cabello, y enjuaga cuidadosamente.
4. Vierte el acondicionador en el cabello húmedo y péinalo.
5. Deja el acondicionador para obtener mejores resultados o enjuaga después de 1 minuto.

Bálsamo Labial

Olvídate de las ceras a base de petróleo elaboradas industrialmente. Usa cera de abejas, manteca de karité, y aceites portadores para mantener tus labios suaves y evitar que se agrieten. Lo mejor de todo es que puedes elegir la esencia. Esta receta produce suficiente bálsamo labial para llenar 7 tubos (de 0.15 onzas). Asegúrate de que los tubos tengan tapas.

- ½ onza de cera de abejas
- 2 cucharaditas de aceite de oliva o jojoba
- 2 cucharaditas de aceite de coco
- 1 cucharadita de manteca de karité o cacao
- ½ cucharaditas de aloe vera puro
- ¼ cucharadas de aceite de vitamina E
- 5 a 7 gotas de eucalipto, menta, hierbabuena, vainilla u otro aceite esencial

1. Combina la cera de abejas, el aceite portador de oliva y coco, y la manteca de karité en un envase de vidrio o cerámica.
2. Lleva una olla con agua a punto de ebullición, y deja hervir a fuego lento.
3. Coloca el envase en el agua hirviendo y revuelve la mezcla hasta que se derrita.
4. Retira el envase del fuego y agrega el aloe vera, aceite de vitamina E, y aceite esencial de eucalipto.
5. Vierte la mezcla en tubos de 0.15 onzas y deje enfriar completamente

*EVITA LOS CÍTRICOS.

Siempre que elabores un bálsamo o brillo labial, evita usar pomelo, limón, lima, naranja, mandarina y otros aceites cítricos. Ellos son fotosensibles, así que reaccionarán con la luz solar u otra fuente de luz del espectro ultravioleta, como la luz de la cama de bronceado, causando quemaduras o manchas oscuras en tus labios.

Brillo Labial (Transparente)

La adición de la lanolina, el lubricante natural encontrado en la lana de las ovejas, ofrece una capa de protección para tus labios y un acabado brillante para tu lápiz labial. Esta receta produce suficiente brillo para llenar 4 envase de media onza. Asegúrate de que los envases tengan tapa.

- ½ onza de cera de abejas pura
- 1 cucharada de aceite de oliva o de jojoba
- 2 cucharadita de aceite de coco
- 1 cucharadita de Manteca de karité
- ½ cucharadita de aceite de ricino
- ½ cucharadita de lanolina
- ½ cucharadita de aloe vera pura
- ¼ cucharadita de aceite de vitamina E
- 5 a 10 gotas de menta, árbol de té, vainilla, u otro aceite esencial

1. Combina la cera de abejas, los aceites portadores de oliva o coco, Manteca de karité, aceite de ricino, y la lanolina en un envase de vidrio o cerámica.
2. Lleva una olla de agua a punto de ebullición, y deja a hervir a fuego lento.
3. Coloca el envase sobre el agua hirviendo, y observa cuidadosamente hasta que la cera de abejas y los aceites se hayan derretido.
4. Retira el envase del fuego y mezcla el aloe vera, el aceite de vitamina E, y el aceite esencial de menta.
5. Vierte la mezcla en latas y deja que el brillo se enfríe antes de colocar las tapas.

Mascarilla

Para las pieles grasosas no hay nada como una mascarilla facial para disolver el exceso de grasa y eliminar las células muertas. Para las pieles secas, sustituye los aceites esenciales por 10 gotas de sándalo, 5 gotas de rosa y 3 gotas de pachulí. Si tu piel no es ni seca ni grasa, usa 10 gotas de lavanda, 5 gotas de manzanilla, 3 gotas de aceite esencial de limón. Recuerda siempre mantenerte alejada del sol al menos 12 horas después de usar aceites fotosensibles.

- 3 cucharadas de harina de maíz
- 3 cucharadas de almendras crudas recién molidas
- 10 gotas de aceite esencial de lavanda
- 5 gotas de aceite esencial de bergamota
- 3 gotas de aceite esencial de salvia claria
- 2 a 3 cucharadas de agua

1. En un envase de vidrio o cerámica, mezcla la harina de maíz y las almendras molidas con los aceites esenciales de lavanda, bergamota y salvia claria.
2. Agrega el agua 1 cucharada a la vez para formar una pasta.
3. Aplica la mascarilla directamente en tu rostro, usando un movimiento circular para remover las células muertas de la piel.
4. Deja que la mascarilla se seque y endurezca (unos 10 minutos).
5. Enjuaga tu rostro con agua tibia

Hidratante

Despierta la piel seca y envejecida con este rico brebaje.

- ½ onza de cera de abejas
- 4 onzas de aceite portador de almendras dulces
- 21 gotas de aceite esencial de geranio
- 12 gotas de aceite esencial de pachulí
- 6 gotas de aceite esencial de rosa de Damasco
- 3 onzas de agua

1. Combina la cera de abejas y el aceite portador de almendras dulces en un envase de vidrio o cerámica.
2. Lleva una olla de agua a punto de ebullición, y deja hervir a fuego lento.
3. Coloca el envase en el agua hirviendo y observa cuidadosamente hasta que la cera de abejas y el aceite se hayan derretido.
4. Retira el envase del calor y déjalo enfriar a temperatura ambiente.
5. Agrega los aceites esenciales de geranio, pachulí, y rosa de Damasco a la mezcla fría.
6. Vierte el agua en una licuadora con un agujero en la tapa.
7. Con la licuadora en alta velocidad, agrega lentamente la mezcla de cera y aceite en un chorro constante a través de la abertura hasta que el contenido de la licuadora forme una emulsión cremosa.
8. Vierte la emulsión en una jarra de vidrio, y cierra la tapa.
9. Conserva el humectante en el refrigerador entre usos.

Aceite para el Crecimiento de las Uñas

A la hora de dormir, dale a tus uñas un poco de ánimo durante la noche con esta aplicación nutritiva y estimulante.

- 2 gotas de aceite esencial de lavanda
- 1 gota de aceite esencial de mirra
- 1 gota de aceite esencial de menta
- 1½ cucharadas de aceite portador de almendras dulces

1. Agrega los aceites esenciales de lavanda, mirra y menta en un envase de vidrio o cerámica. Mezcla con el aceite portador de almendras dulces.
2. Vierte la mezcla en una botella de vidrio oscuro que cierre herméticamente, y conserva la botella en el refrigerador entre usos.
3. Usando un hisopo de algodón, aplica la mezcla una vez al día antes de dormir.

Exfoliante

Un buen exfoliante a base de sal para todo el cuerpo exfoliará tu piel y le dará un brillo sedoso. Prueba esta sencilla receta exfoliante que puedes usar libremente en la ducha. Para una textura menos áspera, agrega un poco de sales finas hasta obtener la consistencia deseada.

- ½ taza de sal marina gruesa
- ⅓ taza de aceite portador de semillas de uva o de jojoba
- 1 cucharada de lavanda seca
- 15 gotas de aceite esencial de lavanda

1. Combina la sal con el aceite portador de semillas de uva en un envase de vidrio o cerámica.
2. Agrega la lavanda seca y el aceite esencial de lavanda y mezcla bien.
3. Usando una toalla y aproximadamente 1 onza de la mezcla, frota tu piel y luego enjuaga.

*ADVERTENCIA CON LA SAL.

Si te es familiar la frase frotar sal en las heridas, entonces ya sabes lo que ocurre si usas este exfoliante cuando tienes una herida abierta o un dolor en cualquier parte de tu cuerpo – arderá como loco.

Champú

¿Qué podría ser más tentador que miel y coco como limpiadores naturales para el cabello? Prueba este champú desarrollado por Nina Nelson del blog Shalom Mama. Podrás encontrar el jabón de castilla líquido en una tienda de alimentos.

- ½ taza de jabón de castilla líquido
- ¼ taza de leche de coco enlatada
- ¼ taza de miel
- 2 cucharadas de aceite portador de coco
- 1 cucharada de aceite de vitamina E
- 30 gotas de aceite esencial de naranja silvestre
- 20 gotas de aceite esencial de lavanda

1. Combina el jabón, la leche de coco, la miel, el aceite portador de coco, y el aceite de Vitamina E en un contenedor de vidrio o cerámica con tapa.
2. Agrega los aceites esenciales de naranja silvestre y lavanda.
3. Cierra el contenedor, bate bien para mezclar uniformemente.
4. Usa esta mezcla como lo harías con cualquier otro champú.

Tónico

Tensa y refresca tu piel después de lavarla y antes de humectarla usando esta combinación pura de agua de rosa y aceites esenciales. Para pieles grasas, usa aceites esenciales de bayas de enebro y rosa de Damasco en lugar de aceites esenciales de manzanilla y geranio. Coloca algunas gotas de este tónico en una mota de algodón y frótala sobre tu rostro, poniendo especial cuidado en la zona T.

- 3 onzas de agua de rosa
- 1 gota de aceite esencial de manzanilla
- 1 gota de aceite esencial de geranio

1. Vierte el agua de rosa en una botella de vidrio de 4 onzas.
2. Agrega los aceites esenciales de geranio y manzanilla y sacude bien.
3. Deja que la loción repose por 36 horas.
4. Bate la mezcla y vierte la solución a través de un filtro de café para eliminar los aceites que se encuentra encima de la mezcla.
5. Desecha el filtro y vierte la solución restante en la botella.

CAPÍTULO 9: TU BOTICA PERSONAL

¿Qué aceites esenciales deberías tener a mano para ti y tu familia? Esta guía de referencia rápida de más de 15 aceites te ayudará a ensamblar tu botica personal. Te dice para qué sirve cada aceite, cómo usarlo, con qué sirve si quieres crear una mezcla, y con qué debes tener cuidado si estás embarazada o estás planeando pasar un tiempo en el sol, o si tienes alguna dolencia o condición médica particular. En resumen, esta guía es todo lo que necesitas para convertirte en un consumidor bien informado de los poderosos y versátiles aceites esenciales.

Este capítulo se centra específicamente en los aceites esenciales puros y simples, no en la variedad de productos mezclados disponibles en casi todos los proveedores de aceites esenciales. Antes de elegir cualquiera de estas mezclas – muchas de las cuales son promocionadas mediante brillantes testimonios en los sitios web del distribuidor, o los representantes de ventas con largos discursos, asegúrate de saber exactamente qué aceites incluyen.

Las mezclas están pensadas para ayudar a acelerar el alivio de una dolencia (o varias), pero frecuentemente contienen aceites que no necesitas para ese propósito. Al igual que no mezclarías un puñado de píldoras y las tragarías sin saber lo que estás tomando, ten cuidado al usar mezclas que contienen ingredientes que no necesitas. Y al igual que con todos los aceites esenciales, consulta con tu médico antes de usar cualquier producto para asegurarte de que no reaccionará con las medicinas que tomas. Conviértete en un consumidor informado y toma el camino más seguro para el bienestar general.

Pimienta Inglesa

También conocida como aceite de pimiento, pimienta o pimienta de Jamaica, este aceite amarillo-marrón tiene un aroma similar al clavo de olor – cálido, picante y vigorizante. Procede de las Indias Occidentales y Suramérica, y es producido a partir de las hojas de la planta o frutas mediante la destilación por vapor.

PARA QUÉ SE USA
- Calambres
- Depresión
- Flatulencias
- Indigestión y náuseas
- Neuralgia
- Estrés
- Tensión

CÓMO SE USA
- En un quemador o vaporizador
- En una mezcla de aceites para masajes

ACEITES COMPLEMENTARIOS
- Geranio
- Jengibre
- Lavanda
- Naranja
- Pachulí
- Ylang-ylang

QUE HAY QUE TENER EN CUENTA

El aceite de pimienta inglesa puede causar irritación en la piel y se sabe que irrita las membranas mucosas, así que úsalo solamente en bajas concentraciones.

*Puede causar irritación en la piel

Anís

Este aceite acre, también conocido como comino dulce, huele a regaliz y no está relacionado con la estrella de anís. Se solidifica a bajas temperaturas, así que puedes calentarlo con tus manos para devolverlo a su estado líquido. Ahora cultivado en Europa, África y los Estados Unidos, el anís es original del Medio Oriente y fue usado en la Antigua Grecia; Roma y Egipto. También es usado en licores y cremas dentales, ya que es un refrescante del aliento en la India. El aceite es producido a partir de las semillas de la planta y los frutos secos mediante la destilación por vapor.

PARA QUÉ SE USA
- Artritis
- Bronquitis
- Catarro
- Cólicos
- Calambres
- Flatulencias
- Resaca
- Indigestión
- Migraña y otros tipos de dolores de cabeza
- Dolor muscular
- Estrés
- Tensión
- Vértigo
- Tos ferina

CÓMO SE USA
- En estado puro (sin diluir) debe aplicarse en un pañuelo
- En un vaporizador o difusor

ACEITES COMPLEMENTARIOS
- Comino
- Cardamomo
- Cedro
- Cilantro
- Eneldo
- Hinojo
- Petitgrain

- Palisandro
- Mandarina

QUE HAY QUE TENER EN CUENTA

Las mujeres embarazadas deben evitar el aceite de anís. El anetol en el aceite de anís puede causar dermatitis, así que el aceite de anís no debe ser usado sobre la piel. Usa el aceite de anís moderadamente – demasiado anís puede disminuir la circulación y causar congestión cerebral.

*No usar durante el embarazo
*No usar sobre la piel

Albahaca

Un aceite ligero y picante con notas verdes claras, la albahaca es cultivada a lo largo de Europa y los Estados Unidos y es una hierba muy conocida en muchas cocinas. Es originaria del sur de Asia y las islas del pacífico, y es considerada sagrada para el Krishna y Visnú, dos deidades hindúes. El aceite de albahaca es producido a partir de las hojas y flores de la planta mediante la destilación por vapor.

PARA QUÉ SE USA
- Acné
- Alergias
- Artritis
- Asma
- Bronquitis
- Estreñimiento
- Gota
- Picaduras de insectos
- Problemas menstruales
- Migraña y otros tipos de dolores de cabeza
- Náuseas y vómitos
- Trastornos nerviosos

CÓMO SE USA
- En un baño
- En un vaporizador

ACEITES COMPLEMENTARIOS
- Bergamota
- Pimienta negra
- Comino
- Cedro
- Clavo de olor
- Hinojo
- Geranio
- Jengibre
- Pomelo
- Lavanda
- Limón

- Citronela
- Mejorana
- Melisa
- Neroli
- Geranio rosa
- Verbena de menta verde

QUE HAY QUE TENER EN CUENTA

Demasiado aceite de albahaca puede tener un efecto estupefaciente. No debe ser usado en niños menores a 16 años. Debido que puede estimular el flujo menstrual, las mujeres embarazadas deben evitar el aceite de albahaca. El aceite de albahaca pude irritar la piel.

*No usar durante el embarazo
*Puede actuar como un sedante
*Puede causar irritación en la piel
*No es seguro para niños menores de 16 años

Laurel

También conocido como *laurel dulce, laurel mediterráneo*, este aceite tiene un aroma dulce-picante. Esta planta es nativa de las Indias Occidentales, Venezuela, y las Guayanas, pero la mayoría de ellas hoy en día vienen de Marruecos y España. El laurel fue popular en la Antigua Roma, donde presentaban a los campeones olímpicos con coronas de laurel para simbolizar sabiduría y protección. El aceite es producido a partir de las hojas de la planta mediante la destilación por vapor.

PARA QUÉ SE USA
- Artritis
- Problemas circulatorios
- Resfriados y gripe
- Diarrea
- Pérdida o adelgazamiento del cabello
- Neuralgia
- Dolor muscular
- Infecciones cutáneas

CÓMO SE USA
- En un vaporizador o difusor
- En una mezcla de aceites de masaje
- En el baño

ACEITES COMPLEMENTARIOS
- Cedro
- Cilantro
- Eucalipto
- Geranio
- Jengibre
- Lavanda
- Limón
- Naranja
- Rosa
- Romero
- Tomillo
- Ylang-ylang

QUE HAY QUE TENER EN CUENTA
Ten cuidado al usar el aceite de laurel en tu piel, ya que puede ser irritante. Las mujeres embarazadas deben evitar el aceite de laurel.
*No usar durante el embarazo
*Puede causar irritación en la piel

Benjuí

Este aceite resinoso recibe muchos nombres —*benzoína, luban jawi,* y *Benjamin,* por ejemplo. Con un dulce aroma que evoca a la vainilla, el benjuí ha sido por mucho tiempo un ingrediente del incienso. El aceite es extraído a partir de la resina de un árbol que crece en Tailandia y en las islas indonesias de Java y Sumatra.

PARA QUÉ SE USA
- Acné
- Artritis
- Bronquitis
- Sabañón
- Problemas circulatorios
- Resfriados y tos
- Depresión
- Eczema
- Dolor muscular
- Psoriasis
- Erupciones
- Tejido cicatricial
- Estrés
- Tensión
- Heridas

CÓMO SE USA
- En el baño
- En una mezcla de crema
- En una mezcla de aceites de masaje
- En un vaporizador o difusor

ACEITES COMPLEMENTARIOS
- Bergamota
- Cedro
- Canela
- Clavo de olor
- Cilantro
- Eucalipto
- Incienso

- Lavanda
- Limón
- Mirra
- Neroli
- Naranja
- Menta
- Petitgrain
- Rosa
- Sándalo
- Vetiver

QUE HAY QUE TENER EN CUENTA

No uses el aceite de benjuí en grandes cantidades – puede tener un efecto sedante.

*Puede actuar como un sedante

Bergamota

Original del sureste de Asia, el aceite de bergamota tiene una esencia fresca y cítrica y es uno de los aceites esenciales más populares. La planta de la que se extrae ahora es cultivada en Europa, Costa de Marfil, Marruecos, Túnez y Argelia. El aceite puede ser obtenido mediante el prensado enfrío de la corteza o a través de la destilación por vapor de la cáscara de la fruta.

PARA QUÉ SE USA
- Anorexia
- Ansiedad
- Cistitis
- Depresión
- Infecciones
- Psoriasis y eczema
- Estrés
- Tensión
- Infecciones del tracto urinario
- Heridas y cortes

CÓMO SE USA
- En el baño
- En una mezcla de crema (para heridas, cortes, y condiciones de la piel)
- En una mezcla de aceites de masaje
- En un vaporizador o difusor

ACEITES COMPLEMENTARIOS
- Albahaca
- Benjuí
- Pimienta negra
- Cajeput
- Semilla de zanahoria
- Cedro
- Manzanilla (Alemana)
- Manzanilla (Romana)
- Citronela
- Salvia claria

- Cilantro
- Ciprés
- Eneldo
- Incienso
- Geranio
- Jengibre
- Pomelo
- Helicriso
- Jazmín
- Baya de enebro
- Lavandín
- Lavanda
- Mejorana
- Neroli
- Nuez moscada
- Naranja
- Palma rosa
- Pachulí
- Petitgrain
- Geranio rosa
- Romero
- Palisandro
- Salvia
- Sándalo
- Mandarina
- Tomillo
- Vetiver
- Ylang-ylang

QUE HAY QUE TENER EN CUENTA

El aceite de bergamota se obtiene mediante el prensado en frío y es un aceite fotosensible, así que no debes usarlo si esperas estar en el sol en las 12 horas siguientes a la aplicación, y nunca agregues aceite de bergamota a un bronceador o protector solar. El aceite obtenido mediante el prensado en frío no dura mucho tiempo, así que debe ser usado en seis meses.

*Evite la exposición al sol 12 horas después de su uso
*Puede causar irritación en la piel
*Use en un lapso de seis meses de la fecha de compra

Pimienta Negra

Un agudo y fuerte olor, con tonos picantes, el aceite de pimienta negra viene principalmente de Singapur, India y Malasia. El aceite es producido mediante la destilación por vapor del fruto inmaduro de la planta—los granos de pimienta negra.

PARA QUÉ SE USA
- Anorexia
- Artritis
- Problemas circulatorios
- Resfriados y gripe
- Estreñimiento
- Agotamiento
- Fiebre
- Indigestión
- Dolor muscular

CÓMO SE USA
- En el baño
- En una mezcla de crema
- En una mezcla de aceites de masaje
- En un vaporizador o difusor

ACEITES COMPLEMENTARIOS
- Albahaca
- Bergamota
- Casia
- Salvia claria
- Clavo de olor
- Cilantro
- Hinojo
- Incienso
- Geranio
- Jengibre
- Pomelo
- Lavanda
- Limón
- Lima

- Nuez moscada
- Naranja
- Salvia
- Sándalo
- Mandarina
- Ylang-ylang

QUE HAY QUE TENER EN CUENTA

El aceite de pimienta negra puede irritar la piel. Demasiado aceite de pimienta negra puede sobrecargar los riñones. Las mujeres embarazadas deben evitar el aceite de pimienta negra.

*No usar durante el embarazo
*Puede causar irritación en la piel

Cajeput

También conocido como *cajuput, kayaputi, madera blanca, y árbol de té llorón,* el cajeput tiene un aroma suave y es considerado un repelente efectivo contra piojos y pulgas. El árbol crece en las llanuras costeras malasias, y el aceite es producido a través de la destilación por vapor de las hojas y ramas del árbol.

PARA QUÉ SE USA
- Acné
- Artritis
- Asma
- Bronquitis
- Resfriados
- Cólicos
- Problemas digestivos
- Fiebre
- Infecciones
- Laringitis
- Dolor muscular
- Psoriasis
- Sinusitis
- Infecciones del tracto urinario
- Vómitos

CÓMO SE USA
- En el baño
- En una mezcla de crema
- En una mezcla de aceites de masaje
- En un vaporizador o difusor

ACEITES COMPLEMENTARIOS
- Angélica
- Bergamota
- Clavo de olor
- Geranio
- Lavanda
- Tomillo

QUE HAY QUE TENER EN CUENTA
En altas concentraciones, el aceite de cajeput puede irritar la piel. También puede irritar las membranas mucosas.
*Evita el contacto con las membranas mucosas
*Puede causar irritación en la piel

Comino

El suave y picante aceite de comino viene de una planta que crecía originalmente en Asia Menor pero ahora se encuentra en el norte de Europa, Rusia y África. También es conocida como *meadow cumin*, y es usada como un agente saborizante que data desde el antiguo Egipto.

PARA QUÉ SE USA
- Acné
- Asma
- Bronquitis
- Moretones
- Cólicos
- Tos
- Flatulencias
- Comezón
- Problemas de lactancia
- Problemas menstruales
- Fatiga mental
- Nerviosismo
- Problemas del cuero cabelludo
- Problemas estomacales
- Infecciones del tracto urinario

CÓMO SE USA
- En el baño
- En una mezcla de crema
- En una mezcla de aceites de masaje
- En un vaporizador o difusor

ACEITES COMPLEMENTARIOS
- Anís
- Albahaca
- Casia
- Cilantro
- Eneldo
- Incienso
- Jengibre

- Lavanda
- Naranja

QUE HAY QUE TENER EN CUENTA

En alta concentraciones, el aceite de comino puede irritar la piel.

*Puede causar irritación en la piel

Semilla de Zanahoria

La conocida planta invasora Encaje de la Reina Ana nos da el aceite de semilla de zanahoria, con su aroma terroso y muchas propiedades útiles. El aceite es producido a partir de las semillas secas de la planta mediante la destilación por vapor.

PARA QUÉ SE USA
- Artritis
- Bronquitis
- Edema
- Gripe
- Gota
- Problemas hepáticos

CÓMO SE USA
- En el baño
- En una mezcla de crema o loción
- En una mezcla de aceites de masaje
- En un vaporizador o difusor

ACEITES COMPLEMENTARIOS
- Bergamota
- Naranja agria
- Cedro
- Geranio
- Pomelo
- Lavanda
- Limón
- Lima
- Naranja
- Geranio rosa
- Mandarina

QUE HAY QUE TENER EN CUENTA

Aunque generalmente se considera segura, las mujeres embarazadas deben evitar usar el aceite de semilla de zanahoria.

*No usar durante el embarazo

Casia

También conocida como *corteza de casia* y *canela china*, la casia es usada frecuentemente como una especia en polvo para curry en la India, donde se ha ganado el nombre de canela falsa. El aceite esencial es producido mediante la destilación por vapor de las hojas de la planta, corteza y ramitas.

PARA QUÉ SE USA
- Artritis
- Resfriados y gripe
- Cólicos
- Diarrea
- Problemas digestivos
- Fiebre
- Flatulencias
- Náuseas

CÓMO SE USA
- En un vaporizador
- En una mezcla de crema

ACEITES COMPLEMENTARIOS
- Bálsamo
- Pimienta negra
- Comino
- Cilantro
- Incienso
- Geranio
- Jengibre
- Nuez moscada
- Romero

QUE HAY QUE TENER EN CUENTA

No use el aceite de casia en una mezcla de aceites de masajes – ya que irrita la piel y las membranas mucosas. Cuando se usa el aceite de casia en una crema, mezcla no más de una gota por onza de crema para evitar irritar tu piel. Las mujeres embarazas deberían evitar el aceite de casia.

*No usar durante el embarazo
*Puede causar irritación en la piel
*Evite el contacto con las membranas mucosas

Cedro

Los antiguos egipcios crearon el primer aceite esencial a partir del cedro de Líbano, un familiar cercano del árbol de cedro. Los nativos americanos usaron el aceite de cedro en aplicaciones medicinales así como en ritos de purificación. El aceite de cedro de hoy es destilado por vapor a partir de las astillas de madera y aserrín.

PARA QUÉ SE USA
- Ansiedad
- Artritis
- Congestión bronquial
- Comezón
- Estrés
- Tensión
- Infecciones del tracto urinario

CÓMO SE USA
- En el baño
- En una mezcla de crema
- En una mezcla de aceites de masaje
- En un vaporizador o difusor

ACEITES COMPLEMENTARIOS
- Anís
- Albahaca
- Laurel
- Benjuí
- Bergamota
- Semilla de zanahoria
- Canela
- Ciprés
- Incienso
- Geranio
- Jazmín
- Baya de enebro
- Lavanda
- Limón
- Citronela

- Mejorana
- Neroli
- Pino
- Rosa
- Geranio rosa
- Romero

QUE HAY QUE TENER EN CUENTA

En altas concentraciones, el aceite de cedro puede irritar la piel. Las mujeres embarazadas deben evitar el aceite de cedro.

*No usar durante el embarazo
*Puede causar irritación en la piel

Manzanilla (Alemana)

La manzanilla alemana, una hierba con un olor dulce y terroso, proviene de Francia, Hungría, Europa del este y Egipto. También es conocida como *manzanilla azul, manzanilla húngara,* y *manzanilla simple.* El aceite producido a partir de esta planta es azul oscuro.

PARA QUÉ SE USA
- Alergias
- Ansiedad
- Eczema
- Problemas de la vesícula biliar
- Inflamación
- Problemas hepáticos
- Síntomas de la menopausia
- Problemas menstruales
- Dolor
- Psoriasis
- Cálculos urinarios

CÓMO SE USA
- En el baño
- En una mezcla de crema o loción
- En una mezcla de aceites de masaje
- En un vaporizador o difusor

ACEITES COMPLEMENTARIOS
- Bergamota
- Salvia claria
- Geranio
- Pomelo
- Jazmín
- Lavanda
- Limón
- Rosa
- Árbol de Té
- Ylang-ylang

QUE HAY QUE TENER EN CUENTA

Debido a que puede estimular el flujo menstrual, las mujeres embarazadas deben evitar el aceite de manzanilla alemana.

*No usar durante el embarazo

Manzanilla (Romana)

La manzanilla romana, también conocida como *manzanilla inglesa*, difiere en su aroma y apariencia de la manzanilla alemana. Su fragancia evoca las manzanas, y su color es azul claro. El aceite es producido mediante la destilación por vapor a partir de las flores de hierba.

PARA QUÉ SE USA
- Dolor abdominal
- Agitación en los niños
- Asma
- Problemas de la vesícula biliar
- Fiebre del heno
- Comezón
- Síntomas premenstruales
- Psoriasis
- Erupciones cutáneas
- Heridas

CÓMO SE USA
- En el baño
- En una mezcla de crema o loción
- En una mezcla de aceites de masaje
- En un vaporizador o difusor

ACEITES COMPLEMENTARIOS
- Bergamota
- Salvia claria
- Geranio
- Pomelo
- Jazmín
- Lavanda
- Limón
- Melisa
- Rosa
- Árbol de Té
- Ylang-ylang

QUE HAY QUE TENER EN CUENTA
Debido a que estimula el flujo menstrual, las mujeres embarazadas deben evitar el aceite de manzanilla romana.
***No usar durante el embarazo**

Canela

La verdadera canela, también conocida como *canela de Ceilán, canela de Madagascar,* y *canela de Seychelles,* viene de Indonesia, Sri Lanka, y la India. La mayoría del aceite de canela usado en el Occidente es destilado por vapor a partir de las hojas de la planta de canela en lugar de su corteza ya que las hojas tienen un aroma y textura más delicado. La canela en polvo usada en la cocina viene de la corteza de la planta.

PARA QUÉ SE USA
- Artritis
- Resfriados y gripe
- Problemas digestivos
- Problemas menstruales
- Infecciones Respiratorias

CÓMO SE USA
- En el baño
- En una mezcla de crema o loción
- En una mezcla de aceites de masaje
- En un vaporizador o difusor

ACEITES COMPLEMENTARIOS
- Benjuí
- Cardamomo
- Cedro
- Clavo de olor
- Cilantro
- Incienso
- Jengibre
- Pomelo
- Lavanda
- Naranja
- Romero
- Mandarina
- Árbol de Té
- Tomillo

QUE HAY QUE TENER EN CUENTA
El aceite de canela puede irritar la piel. Debido a que puede estimular el flujo menstrual, las mujeres embarazadas deben evitar el aceite de canela.
*No usar durante el embarazo
*Puede causar irritación en la piel

Clavo de olor

El aroma cálido y picante que viene de los capullos del árbol de clavo es familiar entre los chefs de cocina y pasteleros en todas partes. El aceite de clavo de olor viene de Indonesia y de las Islas Melaka, donde los capullos son obtenidos de los árboles y secados para una destilación de agua. También se considera un repelente de polillas efectivo.

PARA QUÉ SE USA
- Acné
- Artritis
- Asma
- Moretones
- Quemaduras
- Cortes y rasguños
- Trastornos digestivos Dolor

CÓMO SE USA
- En una mezcla de crema o loción
- En una mezcla de aceites de masaje
- En un vaporizador o difusor

ACEITES COMPLEMENTARIOS
- Albahaca
- Benjuí
- Pimienta negra
- Cajeput
- Canela
- Salvia claria
- Jengibre
- Lavanda
- Mirra
- Naranja
- Rosa
- Sándalo
- Mandarina
- Árbol de té

QUE HAY QUE TENER EN CUENTA
El aceite de clavo de olor puede irritar la piel y las membranas mucosas, así que úsalo en bajas concentraciones. Las mujeres embarazadas deben evitar el aceite de clavo de olor.
*Evite el contacto con las membranas mucosas
*No usar durante el embarazo
*Puede causar irritación en la piel

Eucalipto

Eucalipto azul y *eucalipto común de Tasmania* son otros nombres para el eucalipto, el aceite con una fragancia que flota entre menta, hojas frescas y aire limpio. Sus propiedades similares al mentol lo convierten en una de las exportaciones más populares de Australia, donde crece el árbol de eucalipto en abundancia, y el uso del aceite varía desde la apertura del tracto respiratorio hasta la cura de úlceras.

PARA QUÉ SE USA
- Varicela
- Problemas circulatorios
- Fiebre
- Inflamación
- Malaria
- Sarampión
- Migraña y otros tipos de dolores de cabeza
- Dolores y molestias musculares
- Infecciones y dolencias respiratorias
- Artritis reumatoide

CÓMO SE USA
- En gárgaras
- En el baño
- En una mezcla de crema o loción
- En una mezcla de aceites de masaje
- En un vaporizador o difusor
- En aplicaciones en estado puro (sin diluir)

ACEITES COMPLEMENTARIOS
- Laurel
- Benjuí
- Lavanda
- Limón
- Citronela
- Mejorana
- Menta
- Pino

- Hierbabuena
- Tomillo

QUE HAY QUE TENER EN CUENTA

Las personas que sufren de hipertensión y epilepsia deben evitar el aceite de eucalipto. El uso excesivo puede causar dolores de cabeza.

*No lo use si sufre de epilepsia
*No lo use si tiene hipertensión
*Puede causar dolores de cabeza

Jengibre

El jengibre ha sido adjudicado como una planta nativa de regiones tan diversas como India, China, África, y las Indias Occidentales. Los textos Sánscritos y chinos hacen referencia al aceite de jengibre, y los antiguos griegos, romanos y árabes lo usaron para una amplia variedad de dolencias. El aceite de jengibre tiene la reputación de poseer propiedades afrodisiacas y curativas, es producido mediante la destilación por vapor de la raíz de la planta, la cual se seca con la piel y tierra ante de empezar el proceso de destilación.

PARA QUÉ SE USA
- Catarro
- Escalofríos y fiebre
- Resfriados
- Problemas digestivos
- Nauseas por cinetosis
- Sinusitis
- Ampollas
- Dolor de garganta

CÓMO SE USA
- En estado puro (sin diluir) debe aplicarse en un pañuelo
- En el baño
- En una mezcla de crema o loción
- En un vaporizador o difusor
- En una compresa caliente

ACEITES COMPLEMENTARIOS
- Pimienta Inglesa
- Albahaca
- Laurel
- Bergamota
- Naranja agria
- Pimienta negra
- Comino
- Casia
- Canela
- Clavo de olor

- Cilantro
- Incienso
- Pomelo
- Limón
- Lima
- Neroli
- Naranja
- Rosa
- Sándalo
- Mandarina
- Ylang-ylang

QUE HAY QUE TENER EN CUENTA

El aceite de Jengibre puede irritar la piel. El aceite de jengibre es un aceite fotosensible, así que no debes usarlo si esperas salir al sol después de 12 horas de haberlo aplicado, y nunca agregues aceite de jengibre a una mezcla de bronceador o bloqueador solar.

*Evite la exposición al sol por 12 horas después de su uso
*Puede causar irritación en la piel

CONCLUSIÓN

No tienes que ser un experto para empezar a disfrutar de los beneficios que aportan los aceites esenciales. Si no estás seguro de dónde empezar, comienza con algunos aceites simples y baratos que tengan múltiples usos. Encontrarás muchas formas de usar los aceites esenciales de limón, lavanda y menta para todo desde dolores de cabeza hasta desintoxicación del cuerpo.

Cuando te sientas cómodo con esos aceites, agrega algunos más a tu colección. Algunos de los más útiles incluyen aceites esenciales de naranja, árbol de té y romero. Al agregar estos, ampliarás tu capacidad de usar aceites esenciales y una variedad de formas.
Recuerda, una pequeña cantidad de aceites esenciales es todo lo que necesitas para hacer la diferencia. Cuando prepares las recetas y mezclas de aromaterapia recomendadas en este libro, sigue las instrucciones para combinar y usar los aceites. Usar más de lo recomendado puede tener efectos adversos. Finalmente, recuerda que no todos los aceites esenciales tienen la misma efectividad.
El mercado está inundado de muchos sustitutos baratos que en el mejor de los casos son infectivos, y en el peor de los casos dañinos. Selecciona una fuente confiable de aceites esenciales y te asegurarás de que los remedios naturales que pruebes serán tan efectivos y seguros como sea posible. Armado con un puñado de aceites esenciales poderosos y el conocimiento contenido en este libro, puedes empezar a vivir un estilo de vida más saludable y sustentable.
Lo mejor de todo es que cada una de las recetas contenidas en estas páginas son un verdadero placer, así que podrías encontrar que la vida es mucho más agradable cuando tomas la decisión de empezar a reemplazar los productos comerciales con productos naturales que puedes fabricar en casa.

www.ingramcontent.com/pod-product-compliance
Lightning Source LLC
Chambersburg PA
CBHW052201110526
44591CB00012B/2032